Heinz Reinders

Familienbeziehungen im sozialen Wandel

Heinz Reinders

FAMILIENBEZIEHUNGEN IM SOZIALEN WANDEL

ibidem-Verlag
Stuttgart

Die Deutsche Bibliothek - CIP-Einheitsaufnahme:

Ein Titeldatensatz für diese Publikation ist bei
Der Deutschen Bibliothek erhältlich

Gedruckt auf alterungsbeständigem, säurefreien Papier
Printed on acid-free paper

ISBN: 3-89821-107-X

© *ibidem*-Verlag
Stuttgart 2001
Alle Rechte vorbehalten

Danksagung

Der vorliegende Band über „Familienbeziehungen im sozialen Wandel" basiert auf Daten des Projekts „Jugend im Prozeß des Zusammenwachsens einer Stadt" und stellt Ergebnisse einer Untersuchung bei Jugendlichen und ihren Eltern in Berlin, Chemnitz und Siegen dar. Dieses Projekt wurde durch Sachbeihilfen an Prof. Dr. Hans Merkens (Freie Universität Berlin) und Prof. Dr. Klaus Boehnke (Technische Universität Chemnitz-Zwickau) von der Deutschen Forschungsgemeinschaft gefördert.

Bei der Organisation als auch Durchführung der Erhebung waren die im Projekt engagierten Studenten Ulrike Sauer, Amos Helms, Silke Dietrich und Peggy Turek beteiligt.

Die Erstellung dieses Berichtes wäre ohne die Zusammenarbeit aller beteiligten Kollegen und Kolleginnen nicht möglich gewesen. Ganz besonders hervorgehoben sei die tatkräftige Unterstützung von Dr. Petra Butz, Dr. Gabriele Claßen, Dr. Dagmar Bergs-Winkels, Dr. Gerd Hefler und Uta Bronner.

Berlin, im März 2001

0 Inhaltsverzeichnis

1 Einleitung

1990 wurde unter dem Titel "Jugend im Prozeß des Zusammenwachsens einer Stadt" ein Projekt in Kooperation zwischen Bildungssoziologen der ehemaligen Akademie der Pädagogischen Wissenschaften der DDR und Erziehungswissenschaftlern der Freien Universität Berlin initiiert, das sich mit der Frage beschäftigte, welche Auswirkungen langfristig der soziale Wandel in Deutschland auf die Jugendlichen in beiden Teilen Berlins hat.

Über sieben Jahre hinweg wurden Schuljugendliche zu den Themen Familie, Schule, Freizeit und zu ihren Einschätzungen hinsichtlich der eigenen Erziehung, der Sozialisationsbedingungen und Wertvorstellungen befragt. Ziel war, Wandlungsprozesse im Erleben und Empfinden der Jugendlichen aufgrund gesellschaftlicher Veränderungen durch die Wende abzubilden.

Ein zentrales Ergebnis der Jugendforschung nach der Wende bestand darin, daß die Differenzen in den Ansichten und Verhaltensweisen der Jugendlichen in beiden Teilen des Landes weit geringer ausfielen, als es die Annahmen der Untersuchungen erwarten ließen. Biographische Daten, wie Geschlecht, Alter, Schulform etc. führten häufig zu einer besseren Aufklärung der Varianz, als die geographische Variable des Wohnortes der Jugendlichen. Diese unerwarteten Ergebnisse, die sich in den meisten Jugendstudien der letzten Jahre, die sich mit Differenzen zu ost-/ westdeutschen Jugendlichen auseinandersetzten, ergaben, wurden viel diskutiert und kritisiert.

So haben SCHEFOLD/ HORNSTEIN (1993) in ihrer Kritik an der Shell-Studie eine Ursache für die Vielzahl der Ähnlichkeiten zwischen ost- und westdeutschen Jugendlichen in der Entkontextualisierung der Untersuchung vermutet, die allein auf das Individuum als Merkmalsträger setzt. Ähnlichkeiten auf der Individualebene bei Jugendlichen in Ost und West müssen nicht unbedingt den gleichen Sozialisationsprozessen entspringen.

Diese können in unterschiedlichen Lebenskontexten durchaus unterschiedlich verlaufen sein. Um darüber Aussagen treffen zu können, muß der individuelle Kontext der Jugendlichen, innerhalb dessen sie sozialisiert wurden, in die Untersuchungen einbezogen werden.

Da bei der Erfassung der Auswirkungen des Strukturwandels auf Jugendliche die Position der Eltern hinsichtlich der Vermittlung solcher Veränderungen (z.B. durch den Anstieg des ökonomischen Drucks) als zentral anzusehen war (vgl. ELDER 1990), wurde im August 1996 ein Anschlußprojekt initiiert, das die Eltern der Jugendlichen neben den Jugendlichen selbst in die Untersuchung einbezog und deren Meinungen, Einstellungen und Verhaltensweisen hinsichtlich Erziehungsfragen und gesellschaftlichen, sozialen und individuellen Themenbereichen abzubilden versuchte.

Ziel dieses Anschlußprojekts war es, mittels einer Kontextualisierung der bisherigen Stichproben durch Familiendaten die komplexen Wirkzusammenhänge von Veränderungen makrosystemischer Sozialisationsbedingungen und mikrosystemischer Ressourcen auf die Verarbeitung und Bewältigung des sozialen Wandels durch die Jugendlichen zu erfassen. Zu diesem Zweck fand im Frühjahr 1997 eine postalische Befragung aller bis dahin an der Studie seit 1990 beteiligten SchülerInnen und deren Eltern statt.[1] In dem hier vorliegenden Bericht stehen Wirkmodelle im Vordergrund, die den Einfluß elterlicher Variablen auf die Jugendlichen überprüfen. Es wird darin versucht, eine indirekte Beeinflussung ökonomi-

---

[1] Neben den Schülern aus Ost- und Westberlin wurden in die Befragung auch alle 1995 in einem Zusatzprojekt in Chemnitz und Siegen untersuchten Schüler einbezogen.

scher und sozialer Einbußen der Eltern zur Entwicklung anomischer Wertvorstellungen bei Jugendlichen in Beziehung zu setzen.

1.1 Gang durch das Buch

Das erste Kapitel dieses Bandes stellt die theoretischen Vorüberlegungen dar. Hier erfolgt zunächst eine kurze Betrachtung der Wandlungsprozesse in der BRD nach der Wiedervereinigung. Daran schließt sich in Abschnitt 1.2 und 1.3 die Vorstellung zweier theoretischer Vorannahmen bzw. Konstrukte: Ein Risikomodell wie es von ZINNECKER (1993) als neuere theoretische Akzentsetzung in der pädagogischen Jugendforschung beschrieben wurde, sowie ELDERS (1990) Modell zum ökonomischen Verlust und Überlegungen bezüglich der Übertragbarkeit auf die Situation in der BRD.

Das zweite Kapitel umfaßt die Vorstellung der Stichprobe; es schließt sich in Kapitel 3 ein vorrangig deskriptiver Ergebnisteil zur Analyse der Elterndaten an. Kapitel 4 beschreibt erste Ergebnisse in bezug auf die Jugendlichen. Ein analytischer Ergebnisteil findet sich in Kapitel 5. Die vorgestellten Resultate werden in Abschnitt 6 zusammengefaßt und diskutiert. Kapitel 7 beinhaltet eine ergänzende Analyse, die einen Ausblick auf weitere Forschungsvorhaben gibt.

2 Theoretische Vorüberlegungen

2.1 Wandlungsprozesse in Deutschland

Die Wiedervereinigung hat zu langfristigen politischen, ökonomischen und sozialen Wandlungsprozessen in Deutschland geführt, die bis heute andauern und sich noch immer fortsetzen. Vor allem in Ostdeutschland hat sich, verursacht durch den wirtschaftlichen und politischen Zusammenbruch der ehemaligen DDR und der daraus resultierenden politischen und wirtschaftlichen Umstrukturierung des Landes, das gesellschaftliche und soziale Gefüge in den letzten 10 Jahren gravierend verändert. Ein starker Anstieg der Arbeitslosigkeit, Kaufkraftverlust, Veränderungen im Schulsystem und ein Geburtenrückgang waren in den neuen Bundesländern ebenso Folgen dieses Wandels, wie eine deutliche allgemeine Verunsicherung in weiten Teilen der Bevölkerung.

In Westdeutschland waren die Auswirkungen der Wiedervereinigung für die meisten Menschen weniger stark zu spüren als in der ehemaligen DDR. Hier hat die Vereinigung Anfang der 90er Jahre zu einem verlängerten konjunkturellen Aufschwung beigetragen, der sich zunächst positiv auf den Arbeitsmarkt auswirkte. Die psychischen und sozialen Folgeerscheinungen, die mit dem Umbruch und der individuellen Umstellung auf das westliche „Wertesystem" in Ostdeutschland einher gingen, traten in Westdeutschland weniger bzw. nicht auf.

Berlin bildet bezüglich dieser Differenz im psychischen Befinden der Bevölkerung eine gewisse Sonderrolle, da die Menschen in Westberlin die Folgen der Vereinigung wesentlich stärker zu spüren bekamen, als in der restlichen ehemaligen BRD. Auf dem Arbeitsmarkt sah die Situation bereits Anfang der 90er Jahre verhältnismäßig schlecht aus. Pendler aus Ostberlin und Brandenburg, die in Westberlin Arbeit fanden, verursachten einen Anstieg der Arbeitslosenzahlen im Westen der Stadt, die inzwischen über denen in Ostberlin liegen. Die Kürzung der finanziellen Unterstützung für Berlin seitens der Bundesregierung führte schließlich neben einem objektiven Kaufkraftverlust zu dem subjektiven Empfinden, Verlierer der Wiedervereinigung zu sein.

Sowohl in Berlin, als auch in Gesamtdeutschland hat sich der finanzielle Graben zwischen dem wenig- bis unvermögenden Teil in der Bevölkerung und dem vermögenden vergrößert. Gleichzeitig stieg der Anteil der hochverschuldeten Haushalte in den letzten Jahren (vgl. DATENREPORT 1997). Für viele Familien bedeutet diese Entwicklung starke finanzielle Restriktionen bei ihren Konsumentscheidungen und Einschränkungen im täglichen Verbrauch.

Jugendliche haben diese Veränderungen in Deutschland direkt und indirekt miterlebt, direkt beispielsweise in Ostdeutschland durch die Umstrukturierung ihres Schulsystems, neue Ausbildungsmöglichkeiten, ein anderes Konsumangebot und neuartige Konsummöglichkeiten, indirekt zum Beispiel, vermittelt durch ihre Eltern und deren Erlebnisse und Ansichten/Interpretationen der Wende. Die Angst vor dem Verlust sozialer und finanzieller Sicherheit, im folgenden als sozialer bzw. ökonomischer Druck bezeichnet, wurde in vielen Familien zu einem prägenden Teil des Familienalltags. Ein solcher Druck hat Konsequenzen für das Zusammenleben in der Familie und kann den weiteren Entwicklungsverlauf der Jugendlichen negativ beeinflussen, wie u.a. CONGER et al. (1994) zeigen konnten.

2.2 Das Risikomodell

Gemäß der Frage, welche Entwicklungs- und Sozialisationsbedingungen besondere Risikopotentiale für Heranwachsende enthalten, haben die in den 80er Jahren entwickelten und vermehrt aufgegriffenen Risikomodelle (vgl. JOHNSON 1985; GEYER 1992; ZINNECKER 1993) vor allem kritische Lebensereignisse in Kindheit und Jugend thematisiert. Waren als kritische Lebensereignisse zunächst vor allem Drogenkarrieren, familiaß Belastungssituationen oder unaufholbare Entwicklungsdefizite in den Blickpunkt des Interesses gerückt, so ergab sich mit der deutschen Wiedervereinigung ein Fokus in der Jugendforschung, der Formen kritischer Lebensereignisse auf der gesellschaftliche Ebene zu identifizieren suchte (vgl. HOFER et al. 1995; MEIER/ MÜLLER 1997; MANSEL 1997). Eine besondere Problematik besteht hier in der Verknüpfung anspruchsvoller Subjektmodelle in bezug zu makrosystemischen Veränderungen, vor allem solcher, die als mögliche Gefährdung jugendlicher Entwicklungsverläufe angesehen werden. Damit gewinnt in einem neuen Kontext die Frage nach individuellen und sozialen Ressourcen hinsichtlich des Einflusses auf die Persönlichkeit der Jugendlichen besondere Bedeutung. Welche Potentiale können Jugendliche aktivieren, um die Folgen makrosozialer Veränderungen aufzufangen?

Protektive Größen bestehen zum einen aus Persönlichkeitsmerkmalen (wie z.B. psychische Stabilität), die Jugendliche zur Bewältigung gesellschaftlicher und individueller Veränderungen benötigen. Sie helfen Jugendlichen, mit Anforderungen ihrer gegenwärtigen Situation umzugehen und können dazu beitragen, neue und ungewohnte Situationen, wie die Folgeerscheinungen der Wende, konstruktiv zu verarbeiten. Weiterhin können protektive Faktoren auch aus einem stabilen und unterstützenden sozialen Umfeld resultieren. Hier sind es Ressourcen, die der Jugendliche z.B. aus Familie, Peergroup und Schule schöpfen kann, die ihm bei der Bewältigung neuer Anforderungen behilflich sein können. Neben langfristig wirkenden Umweltbedingungen wie Familien- bzw. Schulmilieu werden darüber hinaus das Risikopotential kritischer Lebensereignisse (Beispiel: Arbeitslosigkeit der Eltern, Wohnortwechsel, finanzielle Engpässe in der Familie) in eine solche Modellbetrachtung einbezogen.

Der Entwicklungs- und Sozialisationsprozeß Jugendlicher wird dementsprechend sowohl auf langwirkende Umwelteinflüsse als auch auf bestimmte kritische Lebensereignisse hin untersucht, wobei der Einfluß sozialer und psychischer Ressourcen, die als Schutzfaktoren dienen können, berücksichtigt wird (vgl. ZINNECKER 1993).

Nach einem solchen Ansatz ist davon auszugehen, daß in erster Linie die ostdeutschen Jugendlichen, die prozentual häufiger als Jugendliche im Westen mit Veränderungen ihrer Lebensbedingungen aufgrund der Wiedervereinigung und den daraus erwachsenen Folgen zu kämpfen hatten, mit ausreichenden psychischen und sozialen Ressourcen ausgestattet sein müssen, um die auftretenden Anforderungen bewältigen zu können. Allerdings reicht es in diesem Zusammenhang nicht aus, die Wende als quasi-experimentelle, zwischen Ost und West differenzierende Variable anzusehen, sondern es bedarf für eine Analyse des Befindens Jugendlicher einerseits einer Dokumentation kleinräumiger kritischer Lebensereignisse der Jugendlichen, z.B. eine Zusammenstellung darüber, inwiefern sie von finanziellen Problemen in der Familie betroffen sind, andererseits bedarf es aber auch einer Untersuchung der Familien, weil diese den Raum für konkrete Erfahrungen geben, die sich z.B. aufgrund ökonomischer Verlusterlebnisse der Eltern ergeben und protektive Faktoren der Jugendlichen erfordern.

2.3 Elders Modell zum ökonomischen Verlust

Ein theoretisches Konstrukt, das bei der Betrachtung der Jugendlichen protektive Faktoren berücksichtigt und Variablen der Eltern einzubeziehen erlaubt, stellen die Modelle zum ökonomischen Verlust von ELDER (1990) sowie CONGER et al. (1992, 1994) dar. Unter einem solchen Ansatz wird die individuelle Entwicklung eines Menschen, die in den Interaktionskontext seiner Familie eingebettet ist, mit makrosozialen Zusammenhängen in Verbindung gebracht. Aus den Verknüpfungen zwischen dem Zeitgeschehen und dem individuellen Lebensverlauf lassen sich nach ELDER (1974, 1990) Mikrotheorien und Erklärungen über den Einfluß des sozialen Wandels auf das Individuum ableiten. Den Fokus seines Interesses bildet hierbei die Frage, wie sozialer Wandel Verhaltensweisen und die Anpassung an gesellschaftliche Verhaltensmuster von Menschen, vor allem von Kindern und Jugendlichen beeinflußt.

Es ist problematisch, Lebensereignisse wie ökonomische Krisen per se als Verlust zu klassifizieren, da die Kriterien für ein Verlusterlebnis interindividuell unterschiedlich anzusetzen sind. Verlusterfahrungen lassen sich nur bedingt vergleichen. Die Bewertung eines Ereignisses als persönlicher Verlust erfolgt nach einem subjektiven innerpsychischen Abwägungsprozeß auf zwei Ebenen. Zum einen zwischen den Situationsanforderungen (z.B. finanzieller Bedürftigkeit) und den personalen Ressourcen (z.B. Arbeitsfähigkeit/ -möglichkeit, soziale Absicherungsmöglichkeiten) der Person (vgl. LAZARUS 1995)[2]. Zum anderen kann angenommen werden, daß die subjektive Einschätzung der eigenen Lage der Menschen in Ost und West eine Reaktion auf vier Vergleichsoperationen ist. Hier wäre nach einem intraindividuellen Vergleich, einem Ost-West-Vergleich, einem Vergleich mit den Personen der unmittelbaren Bezugsgruppe, sowie einem Vergleich mit Ausländern zu unterscheiden (vgl. HOFER et al. 1995).

Aber trotz dieser interindividuellen Unterschiede hinsichtlich der individuellen Bewertung von Erlebnissen als Verlust oder Gewinn können - aggregiert über viele Familien - „Verlusttendenzen" mit Hilfe von Wirkmodellen ermittelt werden, die einen positiven bzw. negativen Einfluß von sozialen Wandlungsprozessen auf Menschen abzubilden erlauben.

Wie ELDER in seinen Publikationen dargelegt hat, kommt im familialen Zusammenleben der Erfahrung ökonomischer Verluste eine besondere Bedeutung vor allem hinsichtlich innerfamiliärer Konflikte zu. In seiner Studie „Children of the Great Depression" konnte ELDER (1974) Zusammenhänge zwischen der angespannten Lebenssituation in (aufgrund der

---

[2] Verluste können durch Ressourcen, über die Subjekte verfügen, teilweise oder ganz kompensiert werden. Kennzeichen eines Verlustes ist nur, daß vor dessen Eintritt die betroffene Person über ein „Mehr" in Hinsicht auf das verloren gegangene Element verfügt hat.

Weltwirtschaftskrise ökonomisch schlechtgestellten) Familien und Verhaltensproblemen der Kinder aufzeigen und konnte darstellen, daß finanzielle Verlusterlebnisse in Familien eine große Bedeutung für den weiteren Lebensverlauf der Heranwachsenden hatten (vgl. auch ELDER 1990).

Der Fokus seiner Untersuchungen lag hierbei auf Familien, die durch die wirtschaftliche Krise wesentlich schlechter gestellt wurden und als eindeutige Verlierer der Krise bezeichnet werden können. Die nachteiligen Folgen finanzieller Notzeiten wirkten in diesen Familien nicht unbedingt direkt auf die Jugendlichen, sondern häufiger indirekt durch eine desorganisierende Wirkung der Krise auf die Familienbeziehungen. Typische Eigenheiten, die Elder als charakteristisch für desorganisierte Familien in Notzeiten hält, sind zum einen Reizbarkeit innerhalb der Familie, zum anderen eheliche Spannungen zwischen den Eltern und ein strafendes Elternverhalten den Kindern gegenüber. Elder kommt zu dem Schluß, daß der Einfluß des Einkommensverlustes auf das unbeherrschte Verhalten der Kinder indirekt wirkt. *„Große Einkommensverluste erhöhen die Wahrscheinlichkeit von kindlichen Verhaltensproblemen, aber nur durch die Zunahme von ablehnenden Interaktionen innerhalb der Familie."* (ELDER 1990, S. 40).

2.4 Ökonomischer und sozialer Druck in der BRD

Das Setting der Weltwirtschaftskrise, das den Untersuchungen von Elder in der Oakland- und der Berkley-Studie zugrunde lag und das Fundament für die oben angeführten Aussagen über familiäre Konflikte in wirtschaftlichen Krisenzeiten lieferte, kann mit der Situation in Deutschland in den 90er Jahren nur bedingt verglichen werden. Die innerdeutsche Wende führte anfangs kaum zu finanziellen Engpässen in Familien. Diese traten aufgrund der Wiedervereinigung, wenn überhaupt, erst im Laufe der Jahre auf; zum Teil erfolgten allerdings Verlusterlebnisse auf einer anderen Ebene als der ökonomischen, so z.B. auf der gesellschaftlichen Ebene

18

(Angst vor den sich aus der Ost-West-Konstellation ergebenden Problematiken) oder auf der privaten Ebene (Angst vor der Verschlechterung der individuellen Lebensqualität). Vergleichsprobleme zwischen der deutschen Situation und der bei ELDER zugrunde liegenden amerikanischen Situation treten überall dort auf, wo Menschen sich in Deutschland als Verlierer der Wiedervereinigung betrachten, obwohl sie, in ökonomischen Kategorien gemessen, keinen Verlust erlitten haben. Es stellt sich wiederum die Frage, welchen Vergleichsmaßstab man für diese Verlusterlebnisse heranziehen soll. Letztlich können nur die individuelle Wahrnehmung von Veränderungen im ökonomischen System und die Erfahrungen mit solchen Veränderungen als Grundlage für Untersuchungen, die auf Angaben der Familienmitglieder beruhen und innerfamiliäre Prozesse abzubilden versuchen, herangezogen werden.

Daß sich viele Ostdeutsche trotz ihrer ökonomischen „Besserstellung" als Opfer der Wende betrachten, hängt vermutlich damit zusammen, daß die tatsächlich erzielten Gewinne der Wiedervereinigung in politischer, finanzieller und sozialer Hinsicht für den Einzelnen oft weit hinter den 1989/90 von ihm antizipierten Gewinnen zurücklagen und manche Errungenschaften und hochgehaltenen Werte aus Zeiten der DDR, die in den letzten Jahren umstrukturiert wurden, im Nachhinein in ihrer alten Form schmerzlich vermißt werden (vgl. DATENREPORT 1997; SOZIALREPORT 1997). In diesem Zusammenhang kann von einem ökonomischen *und* sozialen Druck gesprochen werden, der auf Teile der Bevölkerung wirkt.

Allerdings darf nicht übersehen werden, daß neben Personen, die in ihrer gesellschaftlichen Position im Vergleich zur restlichen Bevölkerung einen Verlust erfahren haben, sich auch eine große Zahl an Personen in Ostdeutschland finanziell und in ihrer sozialen Stellung „verbessert" hat.

Im Gegensatz zu den neuen Bundesländern ging in Westdeutschland in den letzten Jahren das Realeinkommen beständig zurück, so daß nicht nur von einer subjektiven Verlustempfindung, sondern auch einem tatsächlichen durchschnittlichen Einkommensverlust gesprochen werden kann. Gerade der Abstieg in der relativen Position in der Einkommensstruktur ist entscheidend dafür, ob ein gesellschaftlicher Wandlungsprozeß als Verlust erlebt wird.[3]

Allerdings ist ein Abstieg in der relativen Position, der auf einer Differenzbetrachtung ‚früher-heute' bezüglich einzelner ökonomischer Größen, wie z.B. den Gehaltszahlungen beruht, in Deutschland nur schwer ermittelbar. Aufgrund der Währungsreform ist ein direkter ökonomischer Vergleich anhand des Haushaltseinkommens vor und nach der Wende nicht nachvollziehbar (vgl. FRICK et al. 1991), sondern es müssen indirekt Indikatoren erhoben werden, die ökonomischen Druck abbilden und es muß aufgrund der unterschiedlichen Situation in den USA und Deutschland stärker auf soziale Faktoren eingegangen werden.

Die Modelle von CONGER et al. (1994) sind jedoch allein deshalb nicht unmittelbar auf Deutschland übertragbar, weil sie sozialen Wandel eindimensional auf ökonomischen, oft rein pekuniären Verlust reduzieren, den es zumindest nominell in Ostdeutschland nicht gab bzw. gibt.

In Anlehnung an ELDER (1990) und CONGER et al. (1992, 1994) wurde bereits mehrfach der Versuch unternommen, ökonomische Wandlungsprozesse in ihren Auswirkungen auf Kinder und Jugendliche abzubilden. Die Auffassungen darüber, wie sich ökonomischer Druck operationalisieren ließe, variieren dabei in der Kindheits- und Jugendforschung erheblich. Während ELDER (1974) ökonomischen Druck durch die Dichotomisierung der Stichproben in Familien diesseits und jenseits der Verlustgrenze von 30% des ursprünglichen Einkommens bestimmt,[4] nehmen

---

[3] Die Entwicklung auf dem Arbeitsmarkt wirkt sich auch auf das subjektive Empfinden aus. So geben laut Datenreport (1997) immer weniger westdeutsche Erwerbstätige wie auch nicht Erwerbstätige an, es sei leicht, eine (neue) Arbeitsstelle zu finden.

[4] In späteren Modellen werden als Indikatoren „Family Income", „Unstable Work", Debts to Assets" und die bereits erwähnte Variable „Income Loss" zur Abbildung des ökonomischen Drucks verwendet (vgl. CONGER/ ELDER 1992).

20

BOEHNKE/ BUTZ 1997 den relativen Verlust beim Taschengeld der Jugendlichen im Ost-West-Vergleich und der Differenz zwischen den Jahren 1991 und 1994 in ihre Analysen als Prädiktorvariable auf. MANSEL (1997) nimmt als Indikator für sozialen Druck den sozialen Status der Eltern, den er über den Bildungsstand und die berufliche Position abbildet. MEIER/ MÜLLER 1997 operationalisieren ökonomischen Druck bei ländlichen Familien in den neuen Bundesländern über den Sozialstatus und dem Erwerbsstatus der Eltern, dem Haushaltstyp und dem Grad der öffentlichen Unterstützung. Versuche, die Auswirkungen sozialen Wandels durch subjektive Einschätzungen abzubilden, wurden u.a. von HOFER et al. 1995 unternommen. Aber auch hier stellt sich die Problematik, daß eine einheitliche Definition zu ökonomischem Druck oder ökonomischer Deprivation nicht vorliegt. Einigkeit herrscht allein darüber, daß das subjektive Erleben sozialer Veränderungen größere Einflüsse auf Verhaltens- und Persönlichkeitsmerkmale ausübt (HOFER et al. 1995; BACHER 1997).

Um eine funktionale Äquivalenz (BRISLIN 1986) mit ELDERS Ansatz zu erzielen, bietet es sich daher für eine deutsch-deutsche Vergleichsuntersuchung an, das Grundmodell von CONGER et al. (1994), das ungünstige ökonomische Bedingungen für ökonomischen Druck und elterliche emotionale Bedrängnis als ausschlaggebend annimmt, abzuwandeln, indem es stärker auf einen sozialen Druck hin definiert wird. Sozialer Druck entsteht hierbei für den Einzelnen aus einer Zukunftsunsicherheit und –angst heraus, aufgrund potentieller oder realer Verlusterlebnisse, die mit sozialen Beeinträchtigungen oder Sanktionen einhergehen. Eine Situation, die mit dem Verlust sozialer und persönlicher Sicherheit, d.h. makrosozialen Bedrohungen und Überforderungen verbunden ist, mündet somit in die Empfindung und Erfahrung sozialen Drucks.

2.5 Hypothesen

Die hier überprüften Arbeitshypothesen folgen den in Abbildung 1
dargestellten Wirkzusammenhängen.

Abbildung 1: **Zusammenhänge zwischen makrosozialen Veränderungen und der Ausbildung anomischer Wertvorstellungen**

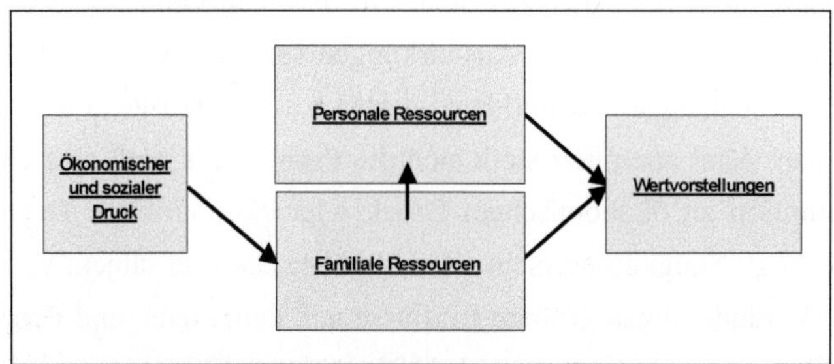

H$_1$: Die soziale Situation in der BRD ist neben einem ökonomischen Druck
vor allem durch sozialen Druck gekennzeichnet.

H$_2$: Ein hoher wahrgenommener sozialer wie ökonomischer Druck wirkt
sich negativ auf die Beurteilung der familialen Qualität von Vätern
wie auch Müttern aus. Gleichzeitig wird auch die Befindlichkeit der
Eltern von einem wahrgenommenen ökonomischen und sozialen
Druck beeinflußt.

H$_3$: Die elterliche Beurteilung der familialen Qualität steht in einem engen
Zusammenhang zu der der Kinder. Jugendliche, deren Eltern eine guten familialen Zusammenhalt berichten, verfügen dementsprechend
über hohe soziale (familiale) Ressourcen.

H$_4$: Soziale und individuelle Ressourcen bilden protektive Faktoren hinsichtlich der Ausprägung anomischer Werthaltungen. Jugendliche, deren familiale Ressourcen aufgrund eines hohen sozialen oder ökonomischen Drucks reduziert sind, sind in verstärktem Maße auf ihre individuellen Ressourcen angewiesen.

H$_5$: Die Kontextualisierung der Stichproben auf der Basis von Familiendaten wird sowohl die interne Variation der Ost- und Weststichproben
als auch die Differenzen zwischen Ost und West an sich deutlich machen.

3 Stichprobenbeschreibung

Werden bei der Untersuchung von Jugendlichen als deren unmittelbaren Kontext die Familienangehörigen in die Betrachtung einbezogen, so kann die Dynamik des gesellschaftlichen Wandels innerhalb des wichtigsten Mikrosystems der Jugendlichen - der Familie - erfaßt werden. Gerade Aussagen weiterer Familienmitglieder können die Auswirkungen der strukturellen Veränderungen auf den Einzelnen innerhalb des Mikrosystems Familie verläßlicher beschreiben. ELDER (1974, 1990) hat in seinen Studien zu den Auswirkungen der Weltwirtschaftskrise auf Kinder und Jugendliche nur Familien in seine Untersuchungen einbezogen, die zum ersten Meßzeitpunkt vollständig waren, d.h. aus Vater, Mutter und Kindern bestanden.

Als weiteres Kriterium formulierte er, daß ein Geschwisterkind im Abstand von höchstens 5 Jahren zum Zieljugendlichen in der Familie leben müsse. Eine solche Bestimmung erscheint für eine Übertragung des Untersuchungsdesigns auf die deutsche Stichprobe zu restriktiv. Im Vergleich zu den damaligen Verhältnissen in den USA leben heute in Deutschland wesentlich mehr Jugendliche nicht mehr in einer „klassischen" Familie mit Vater, Mutter und Geschwistern.

In der Untersuchung „Jugend im Prozeß des Zusammenwachsens einer Stadt" wohnten etwa ein Drittel der befragten Schuljugendlichen in Westberlin und etwas weniger als ein Drittel der befragten Schuljugendlichen in Ostberlin nicht (mehr) mit beiden biologischen Elternteilen zusammen.

Diese große Gruppe aus einer Untersuchung, die sich mit gesamtgesellschaftlichen Wandlungsprozessen auf Jugendliche beschäftigt, außen vorzulassen, erscheint problematisch, da eine Beschränkung der Stichprobe im Sinne von Elder zu einer erheblichen Verzerrung der Ausgangsstichprobe führen würde, die schließlich die Grundlage dieses Folgeprojekts bildete.

Die Zusammensetzung der Stichprobe weist, nicht zuletzt aufgrund der postalischen Befragung, einige Charakteristika auf, die für die gewählten Auswertungsstrategien von besonderer Bedeutung sind und die im folgenden näher beschrieben werden. Aufgrund dieser Besonderheiten kann die Stichprobe trotz ihrer Größe nicht als repräsentativ angesehen werden, sondern muß als eine „gelegentliche" bezeichnet werden (vgl. MERKENS 1996). Insgesamt wurden bei dieser Untersuchung 1.729 Personen in Chemnitz, Siegen, Ost- und Westberlin befragt.

Tabelle 1: **Verteilung nach Jugendliche-Mütter-Väter**

	Jugendliche	Mütter	Väter	Total
Absolut	645	613	471	1.729
%	37,3	35,5	27,2	100

Die Stichprobe umfaßt 645 befragte Jugendlichen, 613 Mütter und 471 Väter. Betrachtet man das Geschlechterverhältnis, so zeigt sich sowohl bei den Eltern als auch bei den Jugendlichen eine Verschiebung zugunsten der Mütter bzw. der Mädchen.

Tabelle 2: **Geschlechterverhältnis Jugendliche-Eltern**

	Jugendliche		Eltern	
	Mädchen	Jungen	Mütter	Väter
Absolut	370	275	613	471
%	57,4	42,6	56,5	43,5

Demnach haben in die Teilstichprobe der Jugendlichen 57,4% Mädchen und 42,6% Jungen Eingang gefunden, bei den Eltern sind die Mütter mit 56,5% gegenüber 43,5% bei den Vätern ebenfalls leicht überrepräsentiert.

Tabelle 3: **Altersstruktur Jugendliche**

Alter	≤ 14	15	16	17	18	19	20	21	≥22
Abs.	28	127	142	113	111	46	31	22	24
%	4,3	19,7	22,0	17,5	17,2	7,1	4,8	3,4	3,8

Das Durchschnittsalter ist zum Zeitpunkt der Erhebung mit 17,0 Jahren bei den Jugendlichen relativ hoch, ein Umstand, der der Tatsache geschuldet ist, daß alle seit 1990 befragten Jugendlichen nochmals postalisch um ihre Einschätzungen gebeten wurden. Hier reicht der Range von 10 bis 26 Jahren[5] und es ergibt sich annähernd eine Normalverteilung.

Da bei den Eltern nach dem Geburtsjahr gefragt wurde, die Angaben aber vermuten lassen, daß nicht selten das direkte Alter angegeben wurde, ist hier eine differenzierte Beschreibung etwas schwieriger. Deutlich ist aber, daß die Väter mit einem Durchschnittsalter von 47,1 Jahren leicht über dem der Mütter - deren Durchschnittsalter bei 44,5 Jahren liegt - angesiedelt sind. Da es im Rahmen dieses Berichtes von Interesse ist, die Angaben der Jugendlichen mit Hilfe der Befragung ihrer Eltern zu kontextualisieren, stellt sich die Frage, in welchem Ausmaß sich die Eltern den Kindern zuordnen lassen, und wieviele Triaden in der Stichprobe vorliegen.

Tabelle 4: **Zuordnungen Eltern zu Jugendlichen**

	Mütter	Väter	Beide Elternteile
Absolut	575	440	407

---

5 Die Altersangaben von 12 Jahren und jünger lassen vermuten, daß hier Geschwister der an der bisherigen Untersuchung teilgenommenen Jugendlichen geantwortet haben, da die vorherigen Erhebungen die Klassenstufen 7 bis 10 umfaßten.

26

Es zeigt sich, daß mit 407 Fällen, bei denen sowohl Mutter als auch Vater geantwortet haben, für knapp zwei Drittel der befragten Jugendlichen eine Triade aufgemacht werden kann. Bedenkt man, daß von den befragten Jugendlichen 103 angeben, zum Zeitpunkt der Befragung mit nur einem Elternteil zusammenzuleben und weitere 57 nicht mehr zu Hause wohnen, so fehlen lediglich für 80 Jugendliche (12%) die Angaben der für sie wichtigen Bezugspersonen.

Eine Betrachtung der Verteilung zwischen den Teilstichproben macht zunächst deutlich, daß mit 35,4% der Jugendlichen der größte Teil aus Ost-Berlin stammt, mit 25,9% zu gleichen Teilen aus West-Berlin und Chemnitz, sowie mit 12,8% aus Siegen. Innerhalb der Teilstichproben spiegelt sich gerade in West-Berlin, aber auch in Chemnitz, die starke Verschiebung bezüglich des Geschlechts zugunsten der Mädchen wider. Aber auch in Ost-Berlin und Chemnitz kann nicht von einer Gleichverteilung gesprochen werden.

Tabelle 5: **Zusammenleben der Jugendlichen**

	Absolut	%
Mit Vater und Mutter	441	68,4
Mit alleinstehender Mutter	97	15,0
Mit alleinstehendem Vater	6	0,9
Mit Mutter und Stiefvater	36	5,6
Mit Vater und Stiefmutter	6	0,9
Andere Erziehungsberechtigte	2	0,3
Allein	27	4,2
Mit Partner/in	17	2,6
Mit Ehepartner/in	2	0,3
Keine Angaben	11	1,8
Total	645	100

Die starken Unterschiede in der Größe der Teilstichproben läßt gerade bezüglich der Siegener Stichprobe Einzelvergleiche wenig sinnvoll erscheinen. Vielmehr sollen in den Auswertungen Ost-Berlin und Chemnitz zur Ost-Stichprobe, sowie West-Berlin und Siegen zur West-Stichprobe zusammengefaßt werden.

Tabelle 6: **Verteilung Jugendliche auf Erhebungsorte**

	Ost-Berlin		West-Berlin		Chemnitz		Siegen	
	Abs.	%	Abs.	%	Abs.	%	Abs.	%
Mächen	124	54,1	101	60,5	91	54,5	55	66,3
Jungen	104	45,9	66	39,5	76	45,5	28	33,7
Summe	228	100	167	100	167	100	83	100
	Anteil an der Gesamtstichprobe							
%	35,4		25,9		25,9		12,8	

Zwar unterscheiden sich die relativen Anteile an der Gesamtstichprobe nach wie vor erheblich, jedoch lassen sich die so zusammengefaßten Stichproben hinsichtlich verschiedenster Merkmalsausprägungen im Ost-West-Vergleich besser darstellen.

Tabelle 7: **Verteilung Jugendliche nach Ost und West**

	Ost		West	
	Abs.	%	Abs.	%
Mädchen	215	54,3	156	62,4
Jungen	180	45,7	94	37,6
Summe	395	100	250	100
	Anteil an der Gesamtstichprobe			
	61,3		38,7	

Bei der Verteilung der Eltern zeigt sich, daß in den Teilstichproben Ost- und West-Berlin sowie Chemnitz das Geschlechterverhältnis jeweils zugunsten der Mütter ausfällt. Einzig die Siegener Stichprobe weist hier eine Gleichverteilung auf, ist aber anteilig an der Gesamtstichprobe mit 148 Personen (13,9%) vergleichsweise gering vertreten.

Tabelle 8: **Verteilung Eltern auf Erhebungsorte**

	Ost-Berlin		West-Berlin		Chemnitz		Siegen	
	<u>Abs.</u>	<u>%</u>	<u>Abs.</u>	<u>%</u>	<u>Abs.</u>	<u>%</u>	<u>Abs.</u>	<u>%</u>
Mütter	216	58,0	164	57,9	160	56,9	73	49,3
Väter	156	42,0	119	42,1	121	43,1	75	50,7
Total	372	100	283	100	281	100	148	100
	Anteil an der Gesamtstichprobe							
%	34,3		26,1		25,9		13,7	

Auch hier läßt es die Verteilung der Erhebungsorte zur Gesamtstichprobe sinnvoll erscheinen, Ost-Berlin und Chemnitz, sowie West-Berlin und Siegen zusammenzufassen. Zum einen ist hierdurch eine bessere Vergleichbarkeit der Teilstichproben gegeben, zum anderen zeigen sich die beiden Stichproben bei den Eltern anteilig zur Gesamtstichprobe äquivalent zu den Stichproben, die bei den Jugendlichen zur Grundlage für die weiteren Analysen verwendet werden.

Tabelle 9: **Verteilung Eltern nach Ost/West**

	Ost		West	
	<u>Abs.</u>	<u>%</u>	<u>Abs.</u>	<u>%</u>
Mütter	376	57,6	237	55,0
Väter	277	42,4	194	45,0
Summe	653	100	431	100
	Anteil an der Gesamtstichprobe			
	60,2		39,8	

Im folgenden soll eine Beschreibung der Eltern-Stichproben nach dem erreichten Bildungsgrad erfolgen. Die Zusammensetzung weist auch hier einige Besonderheiten auf, die u. U. auf die postalische Befragung und den relativ umfangreichen Fragebogen zurückgeführt werden können. Die Verteilung macht deutlich, daß insbesondere in Ost- und West-Berlin der Anteil von Fachhochschul- oder universitärem Abschluß verhältnismäßig hoch ist.

Tabelle 10: **Bildungsgrad der Mütter über die Stichproben.**

	Ost-Berlin		West-Berlin		Chemnitz		Siegen		Total
	Abs.	%	Abs.	%	Abs.	%	Abs.	%	%
Haupt-schule	10	4,2	22	13,0	17	10,2	33	41,2	12,6
POS/ Mittlere Reife	64	27,1	56	33,1	67	40,6	28	35,0	33,1
EOS/ Abitur	14	6,0	19	11,2	10	6,1	5	6,2	7,4
Fach-schule	35	14,8	21	12,4	34	20,6	5	6,2	14,6
Fach-hoch-schule	29	12,3	15	9,0	11	6,7	4	5,0	9,1
Univer-sität	84	35,6	36	21,3	26	15,8	5	6,2	23,2

Haben in Ost-Berlin knapp die Hälfte der befragten Mütter dieses Bildungsniveau erreicht, so sind es in West-Berlin immerhin noch etwa ein Drittel der Stichprobe. Hier zeigt sich ein deutliches Stadt-Land-Gefälle, gerade im Vergleich zu Siegen - hier hat in etwa jede zehnte Befragte einen Fachhochschul- oder universitären Abschluß - aber auch im Verhältnis zu Chemnitz, wo knapp jede Fünfte einen solchen Abschluß erreicht hat. Demgegenüber steht ein hoher Anteil von Befragten, deren Schullaufbahn mit Beendigung der Mittleren Reife bzw. POS und darunter liegendem Abschluß absolviert wurde. Ist dies in Chemnitz bei etwa der Hälfte der Fall, so geben in Siegen über drei Viertel der Befragten einen der beiden Abschlüsse an. Bei den akademischen Abschlüssen läßt sich schließlich eine Differenz zwischen Chemnitz und Siegen der Art aufzeigen, daß die Chemnitzer Stichprobe einen höheren Anteil universitärer Abschlüsse aufweist.

Zusammenfassend läßt sich konstatieren, daß die beiden Berliner Stichproben einen ungleich größeren Anteil höherer Bildungsabschlüsse bei den Müttern aufweisen, wobei Chemnitz in seiner Bildungsstruktur den beiden Berliner Stichproben noch am ehesten gleicht, die beiden kleinstädtischen Stichproben aber gerade in den unteren Bildungsabschlüssen stark vertreten sind.

Bedenkt man die Altersstruktur der befragten Mütter, so liegen dieser Untersuchung Daten zugrunde, die hinsichtlich des erreichten Bildungsgrades als nicht repräsentativ angesehen werden können. Gerade die beiden Berliner Stichproben machen dies deutlich, aber auch über die Gesamtstichprobe ist mit über 32,3% der Anteil an universitären und Fachhochschulabschlüssen als relativ hoch anzusehen.

Tabelle 11: **Verteilung des Bildungsgrades der Väter über die Stichproben.**

	Ost-Berlin		West-Berlin		Chemnitz		Siegen		Total
	Abs.	%	Abs.	%	Abs.	%	Abs.	%	%
Haupt-schule	8	4,7	29	24,2	16	12,6	34	41,0	17,4
POS/ Mittlere Reife	37	21,6	21	17,5	53	41,7	13	15,7	24,8
EOS/ Abitur	12	7,0	11	9,1	14	11,0	3	3,6	8,0
Fach-schule	26	15,2	6	5,0	10	7,9	6	7,1	9,5
Fach-hoch-schule	28	16,4	12	10,0	15	11,8	14	16,9	13,8
Univer-sität	60	35,1	41	34,2	19	15,0	13	15,7	26,5

Bei den Vätern wird das bereits beschriebene Stadt-Land-Gefälle hinsichtlich des Bildungsgrades ebenfalls deutlich. Während in Chemnitz etwa jeder Zweite angab, die schulische Laufbahn mit der POS oder einem darunter liegenden Abschluß beendet zu haben, sind in Siegen zwei Drittel der Befragten mit dem Hauptschul- oder Realschulabschluß ins Berufsleben eingetreten. Bei den beiden Berliner Stichproben liegt der Schwerpunkt stärker bei den höheren Abschlüssen, wobei hier, stärker als bei den befragten Müttern, differenziert werden muß. Sind in Ost-Berlin mit 51,5% überdurchschnittlich viele Väter mit einem akademischen Abschluß vertreten, so verteilen sich die Bildungsabschlüsse in West-Berlin bimodal.

Hier sind es 44,2% der Väter, die angeben, eine Fachhochschule oder Universität absolviert zu haben und insgesamt 41,7% mit Hauptschulabschluß oder Mittlerer Reife. Insgesamt sind die Väter und Mütter in ihrer Bildungsstruktur ähnlich, lediglich bei den unteren Bildungsgraden sind die Mütter etwas stärker vertreten, analog hierzu bei den akademischen Abschlüssen leicht abweichend von der Verteilung bei den Vätern.

Bei der Frage nach dem derzeitigen Beschäftigungsgrad der Väter soll im folgenden nicht weiter auf Ost-West-Unterschiede eingegangen werden, da es hier keine nennenswerten Abweichungen gibt. In allen Teilstichproben sind jeweils 90% und mehr der Befragten voll berufstätig, weitere zwei bis drei Prozent in Teilzeit-Arbeitsverhältnissen und etwa drei Prozent geben für 1996 an, ohne Beschäftigung gewesen zu sein. Umschulungen und andere mittelfristige Beschäftigungsmaßnahmen spielen in dieser Stichprobe keine nennenswerte Rolle. Bei den Müttern ist hier eine Differenz zwischen Ost und West sowie zwischen Stadt und Land zu erkennen.

Es wird deutlich, daß der Anteil voll berufstätiger Mütter in den beiden Ost-Stichproben am höchsten ist, hier aber auch mehr arbeitslose Mütter zu verzeichnen sind. In West-Berlin und Siegen favorisieren die Mütter stärker als in den anderen Stichproben das Teilzeit-Modell, bzw. geben vermehrt an, Hausfrau zu sein. Insgesamt zeigt sich, daß die Mütter aus den Ost-Stichproben nach wie vor stärker in den Arbeitsmarkt integriert sind und dessen Überbrückungsmaßnahmen wie Arbeitslosengeld oder Umschulungen intensiver in Anspruch nehmen. Innerhalb dieser Stichproben unterscheiden sich jedoch die städtischen Regionen von den eher ländlichen, was insbesondere am Beispiel West-Berlin und Siegen deutlich wird. Während in Siegen die Mütter noch eher in der Rolle der Hausfrau verbleiben, sind in West-Berlin gut drei Viertel der Befragten voll- oder teilzeitig beschäftigt.

Tabelle 12: **Beschäftigungsverhältnis 1996 der Mütter**

	Ost-Berlin		West-Berlin		Chemnitz		Siegen		Ge-samt
	Abs.	%	Abs.	%	Abs.	%	Abs.	%	%
Voll-zeit	181	77,0	75	45,7	82	50,0	11	14,3	54,5
Teil-zeit	27	11,5	62	37,8	39	23,8	34	44,1	25,3
Arbeits-los	16	6,8	1	0,6	17	10,4	2	2,6	5,6
Haus-frau	5	2,1	24	14,7	10	6,1	30	39,0	10,8
Umschu lung etc	6	2,6	2	1,2	16	9,7	0	0	3,8

Von besonderem Interesse für eine bessere Beurteilung der wirtschaftlichen Lage ist im folgenden die Frage danach, wie sich in den einzelnen Familien das Einkommen zusammensetzt. In die Beschreibung gehen jeweils nur die Paare ein, von denen komplette Angaben vorliegen, es werden demnach nicht alle befragten Mütter und Väter berücksichtigt.

Dennoch kann anhand dieser Darstellung deutlich gemacht werden, daß es sich hier um eine vergleichsweise saturierte Stichprobe handelt, bei der es schwierig sein wird, in Gruppenvergleichen Verlierer oder Gewinner auszumachen. Insgesamt finden sich in der Stichprobe 331 Paare wieder, bei denen mindestens eine Person voll berufstätig und eine weitere mindestens teilzeitig berufstätig ist.

Damit sind von den Eltern, bei denen beide Partner geantwortet haben, 75% in einen Haushalt mit zwei Verdienern integriert, wobei mit 46,4% ein relativ hoher Anteil auf zwei voll berufstätige Partner entfällt. Das klassische Modell mit dem voll berufstätigen Vater und der Mutter als

Hausfrau ist mit 11,8% vergleichsweise gering vertreten. Deutlicher wird die Problematik dieser Stichprobe hinsichtlich der Identifikation eines möglichen ökonomischen Drucks, betrachtet man das Beschäftigungsverhältnis über den Längsschnitt hinweg.

Tabelle 13: **Beschäftigungsstand in den Familien**

		VATER									
		Voll berufstätig		Teilzeit berufstätig		Arbeitslos		Hausmann/ Ruhestand		Umschulung etc.	
		Abs.	%	Abs.	%	Abs.	%	Abs.	%	Abs.	%
M U T T E R	Vollzeit	204	46,4	5	1,1	8	1,8	8	1,8	2	0,4
	Teilzeit	120	27,3	2	0,5	1	0,2	1	0,2	-	-
	Arbeitslos	16	3,6	1	0,2	-	-	1	0,2	-	-
	Hausfrau	53	12,0	-	-	-	-	1	0,2	-	-
	Umschulung etc	9	2,1	-	-	2	0,5	1	0,2	-	-

Tabelle 14: **Beschäftigungsverhältnis Mütter 1988-1996**

	1988	1989	1990	1991	1992	1993	1994	1995	1996
Vollzeit	370	361	357	338	339	321	329	345	339
	59,1	58,0	57,0	54,0	54,5	52,2	53,4	55,1	54,5
Teilzeit	139	154	145	134	134	136	153	145	152
	23,2	24,1	23,6	22,3	22,5	23,0	25,7	24,1	25,3
Arbeitslos	4	6	13	26	33	53	42	41	34
	0,6	0,9	2,0	4,0	5,2	8,4	6,6	6,4	5,6
Hausfrau	97	101	87	65	59	71	62	69	60
	16,6	15,8	13,5	11,6	10,8	11,4	10,1	10,7	10,2
Sonstiges	3	8	25	49	45	32	27	24	28
	0,5	1,3	3,8	8,0	8,1	5,1	4,2	3,7	4,4

Hier liegen von den befragten Eltern Angaben von 1988 bis 1996 vor, die zeigen, daß bei den Müttern der Anteil voll Berufstätiger von 59% (1988) bis 1991 auf 54% leicht sinkt, sich bis 1996 aber auf diesem Niveau stabilisiert. Der Anteil von Teilzeitbeschäftigten bleibt zunächst stabil bei 23%, steigt dann ab 1994 auf 25% an. Diesem Umstand ist es geschuldet, daß der Anteil Voll- und Teilzeitbeschäftigter an der gesamten Stichprobe 1996 in etwa das Niveau von 1988 wieder erreicht hat (79,8%). Daß jedoch bedingt Erfahrungen mit ökonomischen Einbußen auch in dieser Stichprobe vorliegen, macht der stetige Anstieg der arbeitslosen Mütter deutlich. Hier zeichnet sich eine Tendenz ab, die 1993 mit 8,4% ihren Höhepunkt findet und bis 1996 auf 5,6% absinkt. Im Zusammenhang mit den unter Sonstiges zusammengefaßten Umschulungs- und Weiterbildungsmaßnahmen kann insgesamt konstatiert werden, daß die Zahl der Mütter ohne Arbeitsverhältnis von 1988 (1,1%) zu 1996 (10,0%) stark zugenommen hat. Zwar zeigen der Verlauf und die absoluten Zahlen, daß auch hier keine Repräsentativität vorliegt, dennoch weist die Stichprobe Ansatzpunkte möglicher ökonomischer Verluste auf. Bei den Vätern läßt sich etwas deutlicher ein wirtschaftlicher Verlust nachzeichnen. Hier sinkt die Quote der Voll-Beschäftigten von 97,8% (1988) auf 91,4% (1996), wobei sich für 1992 und 1993 eine leichte Besserung abzeichnet. Eine Teilzeitbeschäftigung spielt bei den Vätern nur eine untergeordnete Rolle, die Angaben über zeitweilige Arbeitslosigkeit schwanken sehr stark und lassen keinen eindeutigen Trend erkennen.

Tabelle 15: **Beschäftigungsverhältnis Väter 1988-1996**

	1988	1989	1990	1991	1992	1993	1994	1995	1996
Voll-zeit	454	448	438	419	429	439	425	426	426
	97,8	97,2	93,4	90,3	92,0	94,2	91,5	91,4	91,4
Teil-zeit	5	3	14	6	3	5	9	12	10
	1,0	0,4	3,8	1,2	0,6	1,0	1,8	2,4	2,0
Arbeits-los	-	1	7	17	9	11	21	12	14
	-	0,1	1,4	3,4	1,8	2,2	4,2	2,4	2,8
Sonsti-ges	6	10	12	25	28	13	12	19	21
	1,2	2,0	1,8	3,9	4,6	2,4	2,3	3,5	3,7

Der Grund hierfür ist darin zu sehen, daß Väter, die bis 1989 und teilweise bis 1992 voll beschäftigt waren, in den Ruhestand gegangen sind und weniger, wie die Zahlen vermuten lassen, Umschulungsmaßnahmen und dergleichen absolviert haben. Insofern liegen aufgrund dieser Untersuchung Daten von Jugendlichen vor, die in relativ gut situierten Familien aufgewachsen sind, bzw. in Familien, die nicht in der Form wirtschaftliche Einbußen hinnehmen mußten, wie es die allgemeine Entwicklung im vereinten Deutschland seit der Wende vermuten lassen würde.

Diesen objektiven Daten sollen schließlich subjektive Einschätzungen der befragten Mütter und Väter gegenübergestellt werden, um erfassen zu können, inwieweit es dennoch Erfahrungen mit latentem ökonomischen Druck gibt. Es wurde gefragt, ob das Einkommen für den Lebensunterhalt reiche und ob vermehrt gespart werde. 86,9% der Väter und 84,8% der Mütter gaben an, daß sie zur Zeit mit dem verfügbaren Einkommen auskommen, die Väter gaben allerdings zu 42,3% und die Mütter zu 45,7% an, daß regelmäßiges Sparen zur Zeit nicht möglich sei, über die Hälfte (Väter 54,3%; Mütter 56,3%) waren der Meinung, größere Anschaffungen zunächst zurückstellen zu müssen und immerhin meinten mit 33,1% der Väter und 36,4% der Mütter, daß sie zum Zeitpunkt der Erhebung Ersparnisse aufbrauchten. Verschuldet sind in der Gesamtstichprobe laut eigener Angabe 43% der Haushalte, wobei keine Angaben über die Höhe der Schulden vorliegen, relativierend ist hier allerdings der Umstand, daß nur 6% darauf verwiesen, mit Ratenzahlungen in Verzug zu sein.

Hier deuten sich trotz der anhand des Beschäftigungsverhältnisses beschriebenen, relativ saturierten Stichprobe Erfahrungen an, die es aussichtsreich erscheinen lassen, Syndrome zu identifizieren, die mögliche Auswirkungen eines wahrgenommenen ökonomischen Drucks auf das Familiengeschehen und auf die Jugendlichen ausüben.

4 Analyse der Elterndaten

Das nachfolgende Kapitel beschäftigt sich zunächst mit der Analyse zentraler Elternangaben. In diesem Zusammenhang wird überprüft, inwieweit die Väter und Mütter in unserer Stichprobe einem ökonomischen bzw. sozialem Druck unterliegen. Diese Ergebnisse werden im Anschluß in Anlehnung an CONGER et al. (1992, 1994) in Verbindung zur Befindlichkeit der Eltern sowie deren Wahrnehmung familialer Qualität gesetzt.

4.1 Sozialer Druck

Sozialer Druck entsteht, wie in Kapitel 1.4 ausgeführt, nach unserer Auffassung aufgrund potentieller oder realer Verlusterlebnisse, die mit sozialen Sanktionen oder Benachteiligungen einhergehen. Dies hängt eng mit Zukunftsunsicherheit und -angst zusammen. Operationalisiert wurde sozialer Druck, indem beide Elternteile befragt wurden, inwieweit sie sich durch die unten genannten Thematiken persönlich bedroht fühlen.

In bezug auf die interne Rangreihe gewichten Väter und Mütter in Ost und West die Probleme dieser Gesellschaft relativ ähnlich. Väter in Ost wie West fühlen sich besonders von der wachsenden Zahl der Arbeitslosen bedroht (wobei die Angst vor eigener Arbeitslosigkeit längst nicht so ausgeprägt ist), vor einer Zunahme der Kriminalität sowie vor einem weiteren Sozialabbau. Dagegen spielen Problematiken wie der Konflikt zwischen Ost- und Westdeutschen und Angst vor Krieg oder Aids eine eher untergeordnete Rolle. Diese Aussagen lassen sich im wesentlichen auch für die Mütter treffen.

Hier fällt allerdings auf, daß Frauen sich über die Verteuerung des Lebens offensichtlich mehr Gedanken machen als Männer. Die Eltern aus

Siegen und dem ehemaligen Westteil Berlins unterscheiden sich hinsichtlich der Rangreihe nur dahingehend von denen aus Chemnitz und Ostberlin, daß sie die eigene Arbeitslosigkeit und eine mögliche persönliche Notlage weniger deutlich als Bedrohung empfinden. Dafür äußern sie durchschnittlich mehr Angst vor möglichen negativen Auswirkungen der Atomindustrie. Beide Aussagen gelten insbesondere für die Mütter.

Angst der Mütter vor....

	Ost				West			
	heute		früher		heute		früher	
	mean	stdv.	mean	stdv.	mean	stdv.	mean	stdv.
1. Sozialabbau	1,5	0,70	3,7	0,65	1,6	0,80	2,9	0,82
2. Zahl der Arbeitslosen	1,6	0,80	3,9	0,34	1,6	0,77	3,0	0,81
3. Verteuerung d. Lebens	1,6	0,79	3,4	0,77	1,7	0,80	2,5	0,83
4. Kriminalität	1,6	0,73	3,2	0,65	1,7	0,78	2,6	0,71
5. Egoismus in Gesellschaft	1,7	0,75	3,2	0,74	1,8	0,77	2,5	0,77
6. Alterssicherung	1,7	0,77	3,6	0,68	1,8	0,89	3,0	0,84
7. Umweltzerstörung	1,8	0,76	2,4	0,92	1,7	0,69	2,1	0,78
8. Aggressivität	1,8	0,78	3,4	0,67	1,8	0,81	2,7	0,81
9. Rechtsextremismus	1,8	0,84	3,7	0,55	1,8	0,79	2,7	0,88
10. Wirtschaftliche Situation	1,8	0,76	3,3	0,91	1,8	0,82	2,8	0,84
11. Eigene Arbeitslosigkeit	2,0	0,92	3,8	0,51	2,6	1,10	3,3	0,88
12. Persönliche Notlage	2,1	0,82	3,4	0,77	2,2	0,88	2,8	0,85
13. Atomenergie	2,3	0,88	2,9	0,90	1,8	0,80	2,2	0,94
14. Ins Abseits zu geraten	2,4	0,95	3,7	0,61	2,9	0,96	3,2	0,78
15. Einwanderung Ausländer	2,5	0,99	3,8	0,47	2,7	1,05	3,3	0,82
16. Krieg	2,5	0,87	3,2	0,86	2,9	0,90	3,2	0,80
17. Linksradikalismus	2,6	0,95	3,5	0,81	2,7	1,02	3,0	0,87
18. Konflikte Ost / West	2,6	0,95	3,4	0,82	2,8	0,94	3,4	0,78
19. Aids	3,2	0,92	3,9	0,36	3,2	0,93	3,6	0,68

Antwortmöglichkeiten: 1=häufig, 2=manchmal; 3=selten, 4=nie

Betrachtet man darüber hinaus die Mittelwerte, d.h. die effektive Ausprägung der hier genannten sozialen Problematiken, so fällt auf, daß deutliche Unterschiede zwischen Ost und West existieren. Soziale Ängste sind im Osten heute stärker ausgeprägt als im Westen. Dies gilt stärker für die Väter als für die Mütter. Bei den Vätern sind allein die Angst vor der Alterssicherung, vor Umweltzerstörung und Aids, sowie Befürchtungen hinsichtlich der wirtschaftlichen Situation im Ost/West-Vergleich statistisch nicht signifikant. Bei allen anderen Nennungen haben die Väter zum aktuellen Befragungszeitraum im Osten deutlich mehr Sorgen als im Westen.

Angst der Väter vor....

	Ost				West			
	heute		früher		heute		früher	
	mean	stdv.	mean	stdv.	mean	stdv.	mean	stdv.
1. Zahl der Arbeitslosen	**1,6**	0,76	**3,9**	0,40	**1,8**	0,91	**3,0**	0,80
2. Kriminalität	**1,6**	0,70	**3,2**	0,66	**1,9**	0,82	**2,6**	0,83
3. Sozialabbau	**1,6**	0,74	**3,7**	0,61	**1,9**	0,91	**3,0**	0,84
4. Egoismus in Gesellschaft	**1,7**	0,74	**3,2**	0,74	**2,0**	0,87	**2,5**	0,80
5. Verteuerung d. Lebens	**1,7**	0,80	**3,3**	0,78	**2,1**	0,93	**2,7**	0,80
6. Aggressivität	**1,8**	0,76	**3,5**	0,63	**2,1**	0,86	**2,8**	0,75
7. Alterssicherung	**1,9**	0,80	**3,6**	0,70	**2,0**	0,95	**3,1**	0,83
8. Rechtsextremismus	**1,9**	0,83	**3,8**	0,52	**2,2**	0,94	**2,7**	0,96
9. Umweltzerstörung	**2,0**	0,77	**2,3**	0,92	**2,0**	0,78	**2,2**	0,83
10. Wirtschaftliche Situation	**2,0**	0,82	**3,2**	0,94	**2,1**	0,89	**3,0**	0,81
11. Eigene Arbeitslosigkeit	**2,1**	0,89	**3,8**	0,54	**2,8**	1,04	**3,5**	0,77
12. Persönliche Notlage	**2,2**	0,82	**3,5**	0,66	**2,6**	0,87	**2,9**	0,84
13. Atomenergie	**2,5**	0,86	**3,0**	0,85	**2,3**	0,98	**2,5**	1,00
14. Ins Abseits zu geraten	**2,5**	0,95	**3,7**	0,55	**3,0**	0,89	**3,4**	0,73
15. Einwanderung Ausländer	**2,6**	1,02	**3,8**	0,42	**2,8**	1,05	**3,2**	0,83
16. Linksradikalismus	**2,6**	0,93	**3,5**	0,85	**2,9**	0,99	**2,9**	0,92
17. Konflikte Ost / West	**2,7**	0,95	**3,3**	0,91	**3,0**	0,83	**3,4**	0,81
18. Krieg	**3,1**	0,87	**3,3**	0,85	**3,2**	0,82	**3,3**	0,78
19. Aids	**3,5**	0,79	**3,9**	0,29	**3,5**	0,73	**3,6**	0,63

Antwortmöglichkeiten: 1 = häufig, 2= manchmal; 3= selten, 4=nie

Die Mütter in Ost und West sind sich ähnlicher, aber auch sie unterscheiden sich signifikant in bezug auf die Einschätzungen zur Umweltzerstörung, zu eigener Arbeitslosigkeit, zur Atomenergie, zur Einwanderung von Ausländern, zum Krieg, zu Konflikten zwischen Ost und Westdeutschen und hinsichtlich ihrer Angst, ins Abseits zu geraten. Hier sind die ostdeutschen Mütter deutlich betroffener von sozialen Ängsten.

Besonders deutlich werden Unterschiede zwischen Ost und West, wenn man die Einschätzungen von 1988 betrachtet. Hier zeigen sich nur bei der Angst vor Krieg sowie bei Problematiken zwischen Ost und Westdeutschen (bei Vätern zusätzlich hinsichtlich der Angst vor Umweltzerstörung) keine signifikanten Unterschiede zwischen Ost und West.

Für den größten Teil der hier genannten Problematiken läßt sich feststellen, daß insbesondere die Ostberliner eine äußerst positive Einschätzung der Vergangenheit haben. Die hier genannten sozialen Probleme schienen in der DDR entweder kaum zu existieren oder aber deren Existenz wird im Nachhinein nicht wahrgenommen. Dementsprechend unterscheiden sich die Einschätzungen im Osten zwischen früher und heute auch hinsichtlich sämtlicher Items in hohem Grade signifikant.

Es zeigt sich insbesondere im Osten eine ausgesprochen deutliche Zunahme an subjektiv empfundenen sozialem Druck. Für den Westen läßt sich diese Differenz zwischen 1988 und heute ebenfalls feststellen.

Auch die Menschen in Westberlin und Siegen schätzen die soziale Situation von 1988 deutlich besser ein als die heutige, allerdings ist das Gefälle zwischen den Werten früher und heute nicht derart ausgeprägt wie innerhalb der Oststichprobe. Dort werden tendenziell die Problematiken von früher geringer, jene von heute aber höher eingeschätzt als im Westen. Dies gilt für beide Elternteile gleichermaßen.

Es läßt sich damit rein deskriptiv eine Zunahme der sozialen Ängste in beiden Teilen unserer Stichprobe feststellen, im Osten ist die Differenz zwischen früher und heute dabei jedoch weitaus extremer als im Westen.

Bei einer Faktorenanalyse ergeben sich zum aktuellen Meßzeitpunkt sowohl für Väter als auch für Mütter folgende Faktorenstrukturen:

Faktor 1	Faktor 2	Faktor 3	Faktor 4
eigene Arbeitslosigkeit	Einwanderung Ausl.	Krieg	Umweltzerstörung
Verteuerung des Lebens	Gewalt	Aids	Atomenergie
Egoismus in Gesellschaft	Rechtsextremismus	Konflikte Ost / West	
persönliche Notlage	Linksradikalismus		
Alterssicherung	Kriminalität		⇓
Sozialabbau		⇓	
wirtschaftliche Situation			
ins Abseits zu geraten	⇓		
Zahl der Arbeitslosen			
⇓			
Angst vor Verschlechterung der individuellen Lebensqualität	Angst vor Gewalt und Überfremdung in der Gesellschaft	Angst vor universellen Bedrohungen	Ökologisch bedingte Ängste
α = Väter 1997= . 90	α = Väter 1997= .79	α = Väter 1997= .63	α = Väter 1997= .63
α = Väter 1988= .88	α = Väter 1988= .84	α = Väter 1988= .50	α = Väter 1988= .62
α = Mütter 1997= .88	α = Mütter 1997= .79	α = Mütter 1997= .62	α = Mütter 1997= .65
α = Mütter 1988= .88	α = Mütter 1988= .80	α = Mütter 1988= .49	α = Mütter 1988= .66
⇓	⇓	⇓	⇓

Väter Heute (1997)

Ost	West	Ost	West	Ost	West	Ost	West
1,9	0,59	2,3	0,6	2,1	0,60	2,4	0,71	3,1	0,66	3,3	0,62	2,3	0,69	2,1	0,77

1 = häufig, 2= manchmal; 3= selten, 4=nie

Väter Früher (1988)

Ost	West	Ost	West	Ost	West	Ost	West
3,6	0,45	3,0	0,5	3,6	0,42	2,8	0,66	3,5	0,50	3,4	0,57	2,6	0,74	2,3	0,82

1 = häufig, 2= manchmal; 3= selten, 4=nie

Väter Differenz (1988-1997)

Ost	West	Ost	West	Ost	West	Ost	West
1,6	0,72	0,8	0,6	1,4	0,70	0,5	0,45	0,4	0,74	0,2	0,52	0,4	0,74	0,2	0,58

Min= -0,4   Min= -0,3   Min= -0,2   Min= -0,2   Min= -2,0   Min= -1,0   Min= -2,0   Min= -2,0

Max = 3,0   Max = 3,0   Max = 3,0   Max = 2,2   Max = 3,0   Max = 3,0   Max = 3,0   Max = 2,5

Angst vor Ver-schlechterung der individuellen Lebens-qualität	Angst vor Gewalt und Überfremdung in der Gesellschaft	Angst vor universellen Bedrohungen	Ökologisch bedingte Ängste
⇓	⇓	⇓	⇓

Mütter Heute (1997)

Ost		West		Ost		West		Ost		West		Ost		West	
1,8	0,59	2,0	0,6	3,5	0,42	2,2	0,64	2,8	0,68	3,0	0,73	2,1	0,71	1,8	0,64

1=häufig, 2=manchmal; 3=selten, 4=nie

Mütter Früher (1988)

Ost		West		Ost		West		Ost		West		Ost		West	
3,5	0,45	2,9	0,5	3,5	0,65	2,9	0,58	3,4	0,49	3,4	0,57	2,7	0,78	2,1	0,75

1=häufig, 2=manchmal; 3=selten, 4=nie

Mütter Differenz (1988-1997)

Ost		West		Ost		West		Ost		West		Ost		West	
1,7	0,71	0,9	0,6	1,4	0,70	0,7	0,59	0,7	0,75	0,4	0,63	0,6	0,74	0,4	0,63

Min= -0,4   Min= -1,3   Min= -0,6   Min= -0,4   Min= -2,0   Min= -1,7   Min= -1,5   Min= -0,5

Max = 3,0   Max = 3,0   Max = 3,0   Max = 2,6   Max = 3,0   Max = 3,0   Max = 3,0   Max = 2,5

Neben den oben bereits beschriebenen Tendenzen (höhere soziale Ängste in der Oststichprobe bzw. starke Differenzen zwischen früher und heute) lassen die hier gebildeten Faktoren erkennen, daß es 1997 in der Weststichprobe die ökologisch bedingten Ängste sind, die von beiden Elternteilen die höchste Zustimmung erfahren. In der Oststichprobe dagegen ist es die Angst vor der Verschlechterung der individuellen Lebensqualität, die Väter und Mütter heute am meisten belastet.

Zum Zeitpunkt 1988 war dies (zumindest aus der Retrospektive betrachtet) noch anders: Zum damaligen Zeitpunkt waren, so die subjektive Empfindung heute, im Osten die ökologischen Ängste diejenigen, die im Vergleich zu den anderen am ehesten Sorge bereiteten. Angst vor Gewalt, vor Einbußen hinsichtlich der Lebensqualität oder anderen Bedrohungen schienen kaum vorhanden zu sein.

Bildet man einen Differenzwert zwischen 1988 und 1997 der die Entwicklung, d.h. die Zunahme bzw. Abnahme einer empfundenen Bedrohung abbildet, so ergibt sich ein Differenzwert $Diff_{max} = 3$, der in einer positiven Ausprägung eine Zunahme und in einer negativen Ausprägung eine Abnahme des sozialen Drucks bedeutet. Die Werte für alle vier Faktoren sind in Ost und West wie auch bei Vater und Mutter im Schnitt positiv, was, wie sich bereits andeutete, insgesamt für eine subjektiv wahrgenommene Zunahme an sozialem Druck spricht.

Diese Differenzwerte sind im Osten grundsätzlich signifikant höher als im Westen (vgl. Tabelle 16 bis Tabelle 23). Betrachtet man die tatsächlich auftretenden Extremwerte, so fällt insbesondere bei den individuellen Ängsten sowie der Angst vor Gewalt bzw. Überfremdung im Osten auf, daß so gut wie keine Verbesserungen berichtet werden. Effektiv handelt es sich um zwei Mütter, sowie zwei Väter in der Oststichprobe, die 1997 weniger sozialen Druck verspüren als 1988.

Aber auch im Westen finden sich bei Faktor 2 (Angst vor Gewalt bzw. Überfremdung in der Gesellschaft) so gut wie keine negativen Werte. Insgesamt kann damit von einer deutlichen Verschlechterung des sozialen Klimas während der 9 Jahre nach der Wiedervereinigung gesprochen werden. In den folgenden acht Tabellen werden gesondert die auf Signifikanz überprüften Mittelwertvergleiche aufgeführt. In der linken Spalte sind die Überprüfungen der Ost - West-Unterschiede dargestellt; dies jeweils heute, früher bzw. bezüglich der Differenzbildung. In der rechten Spalte finden sich für Ost und West getrennt die Überprüfungen der Unterschiede zwischen früher und heute.

Mit Ausnahme zweier Werte sind sämtliche Differenzen signifikant. Allein die Angst vor einer zunehmenden Gewalt und Überfremdung in der Gesellschaft ist bei den Müttern in Ost und West heutzutage ähnlich ausgeprägt; bei den Vätern finden sich zum Zeitpunkt 1988 keine Unterschiede hinsichtlich des Faktors 3 (Angst vor universellen Bedrohungen).

Tabelle 16: **Mütterliche Angst vor Verschlechterung der individuellen Lebensqualität**

	Ost		West		früher		heute
früher	3,5	⇔	2,9	Ost	3,5	⇔	1,8
T-Test		p = ,000		T-Test		p = ,000	
heute	1,8	⇔	2,0	West	2,9	⇔	2,0
T-Test		p = ,000		T-Test		p = ,000	
Differenz	1,7	⇔	0,9				
T-Test		p = ,000					

Tabelle 17: **Väterliche Angst vor Verschlechterung der individuellen Lebensqualität**

	Ost		West		früher		heute
früher	3,6	⇔	3,0	Ost	3,6	⇔	1,9
T-Test		p = ,000		T-Test		p = ,000	
heute	1,9	⇔	2,3	West	3,0	⇔	2,3
T-Test		p = ,000		T-Test		p = ,000	
Differenz	1,6	⇔	0,8				
T-Test		p = ,000					

Tabelle 18: **Mütterliche Angst vor Gewalt und Überfremdung in der Gesellschaft**

	Ost		West		früher		heute
früher	3,5	⇔	2,9	Ost	3,5	⇔	2,1
T-Test		p = ,000		T-Test		p = ,000	
heute	2,1	⇔	2,2	West	2,9	⇔	2,2
T-Test		n.s.		T-Test		p = ,000	
Differenz	1,4	⇔	0,7				
T-Test		p = ,000					

Tabelle 19:   **Väterliche Angst vor Gewalt und Überfremdung in der Gesellschaft**

	Ost		West		früher		heute
früher	3,7	⇔	2,8	Ost	3,6	⇔	2,1
T-Test		p = ,000		T-Test		p = ,000	
heute	2,1	⇔	2,4	West	2,8	⇔	2,4
T-Test		p = ,000		T-Test		p = ,000	
Differenz	1,4	⇔	0,5				
T-Test		p = ,000					

Tabelle 20:   **Mütterliche Angst vor universellen Bedrohungen**

	Ost		West		früher		heute
früher	3,5	⇔	3,4	Ost	3,5	⇔	2,8
T-Test		p = ,016		T-Test		p = ,000	
heute	2,8	⇔	3,0	West	3,4	⇔	3,0
T-Test		p = ,000		T-Test		p = ,000	
Differenz	0,7	⇔	0,4				
T-Test		p = ,000					

Tabelle 21:   **Väterliche Angst vor universellen Bedrohungen**

	Ost		West		früher		heute
früher	3,5	⇔	3,4	Ost	3,5	⇔	3,1
T-Test		n.s.		T-Test		p = ,000	
heute	3,1	⇔	3,2	West	3,4	⇔	3,3
T-Test		p = ,003		T-Test		p = ,000	
Differenz	0,4	⇔	0,2				
T-Test		p = ,000					

Tabelle 22:   **Mütterliche ökologisch bedingte Ängste**

	Ost		West		früher		heute
früher	2,6	⇔	2,1	Ost	2,6	⇔	2,1
T-Test		p = ,000		T-Test		p = ,000	
heute	2,1	⇔	1,8	West	2,2	⇔	1,8
T-Test		p = ,000		T-Test		p = ,000	
Differenz	0,6	⇔	0,4				
T-Test		p = ,002					

Tabelle 23A: **Väterliche ökologisch bedingte Ängste**

	Ost		West		früher		heute
früher	2,6	⇔	2,3	Ost	2,6	⇔	2,3
T-Test		p = ,000		T-Test		p = ,000	
heute	2,3	⇔	2,1	West	2,3	⇔	2,1
T-Test		p = ,046		T-Test		p = ,000	
Differenz	0,4	⇔	0,2				
T-Test		p = ,020					

4.2 Ökonomischer Druck

Wie eingangs beschrieben, ist eine zentrale Annahme unserer Untersuchung, daß neben den bislang geschilderten Variablen des sozialen Drucks vor allem ein zunehmender ökonomischer Druck negative Auswirkungen auf die wahrgenommene Familienqualität zeigt (vgl. hierzu ELDER 1990; CONGER et al. 1992, 1994). Operationalisiert wurde ökonomischer Druck in unserem Fragebogen durch folgende Items:

Skala zum „Ökonomischen Druck"

- Wir kommen / kamen mit unserem Einkommen aus

- Wir können / konnten regelmäßig sparen

- Wir stellen / stellten Anschaffungen / persönliche Ausgaben zurück

- Wir brauchen / brauchten unsere Ersparnisse auf

α (Väter 1997) = .62 - α (Väter 1988) = .73 - α (Mütter 1997) = .60 α – (Mütter 1988) = .76

Tabelle 24A: **Wahrgenommener ökonomischer Druck**

(Angaben in Mittelwerten und Standardabweichungen)

Mütter								Väter							
heute				früher				heute				früher			
Ost		West		Ost		West		Ost		West		Ost		West	
mean	stdv.	mean	stdv.	mean	stdv.	mean	stdv.	mean	stdv.	mean	stdv.	mean	stdv.	mean	stdv.
5,6	1,39	5,5	1,48	5,0	1,02	4,9	1,15	5,6	1,35	5,4	1,44	4,9	1,06	4,8	1,13

Min = 4 (niedriger ökonomischer Druck) / Max. = 8 (hoher ökonomischer Druck)

Es kann sowohl für Mütter als auch für Väter erneut eine Differenz-variable gebildet werden, die angibt, inwieweit eine Veränderung der Wahrnehmung von früher zu heute besteht. Auch hier gilt jedoch, daß nicht eine objektive Verschlechterung der ökonomischen Situation, sondern eine subjektive Interpretation hinsichtlich der Zunahme oder Abnahme einer ökonomischen Belastung erfaßt wird.

Tabelle 25B: **Wahrgenommene ökonomische Veränderungen**
(Angaben in Mittelwerten und Standardabweichungen)

Mütter				Väter			
Ost		West		Ost		West	
mean	stdv.	mean	stdv.	mean	stdv.	mean	stdv.
- 0,6	1,72	- 0,6	1,73	- 0,6	1,62	- 0,7	1,72

Min = -4 (wahrgenommene Verschlechterung) / Max. = 4 (wahrgenommene Verbesserung)

Wie in der Stichprobenbeschreibung erwähnt, handelt es sich hier um einen Datensatz, der als nicht repräsentativ für die BRD angesehen werden kann. Zum Zeitpunkt 1996 geben nur 14 Väter (2,8%) und 36 Mütter (5,6%) an, von Arbeitslosigkeit betroffen zu sein. Auch die Bildungs-abschlüsse beider Elternteile sind überdurchschnittlich hoch. Beide Faktoren kommen bei der Frage danach, ob man in der Familie mit dem Einkommen auskommt, deutlich zum Tragen. Fast alle Elternteile, sowohl in Ost als auch West, stimmen dieser Aussage zu. Dem relativ saturierten Charakter der Stichprobe entsprechend, müssen die Familien auch kaum Anschaffungen zurückstellen.

Es lassen sich keine signifikanten Unterschiede zwischen den Ost- und Weststichproben ausmachen, die ökonomische Situation wird darüber hinaus von Vätern und Müttern einheitlich eingeschätzt. Deutliche Differenzen ergeben sich allerdings zwischen den Einschätzungen zu beiden Zeitpunkten, es kann (insgesamt auf einem hohen Niveau) davon ausgegangen werden, daß die hier befragten Eltern subjektiv einen Anstieg der ökonomischen Belastung wahrgenommen haben. Tabelle 27

Abbildung 2 **Wahrgenommene ökonomische Veränderungen (Angaben total)**

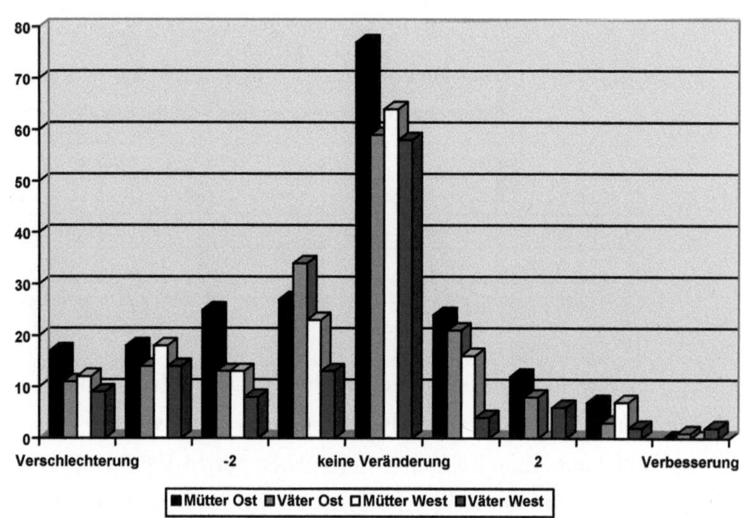

Die Mittelwerte der Differenzvariable "1997-1988" sind dementsprechend alle negativ; im Gegensatz zum sozialen Druck finden sich jedoch keine Unterschiede zwischen Ost und West. Während die Eltern der Oststichprobe also offensichtlich in bezug auf den sozialen Druck einen signifikant höheren Anstieg berichten, ist die Wahrnehmung der ökonomischen Situation sowohl absolut als auch in ihrer Veränderung über die Jahre in Ost und West ähnlich.

Tabelle 26: **Wahrgenommener ökonomischer Druck der Mutter**

	Ost		West		früher		heute
früher	5,0	⇔	4,9	Ost	5,0	⇔	5,6
T-Test		n.s.		T-Test		p = ,000	
heute	5,6	⇔	5,5	West	4,9	⇔	5,5

T-Test	n.s.		T-Test	p = ,000
Differenz	- 0,6	⇔ - 0,6		
T-Test	n.s.			

Tabelle 27: **Wahrgenommener ökonomischer Druck des Vaters**

	Ost		West		früher		heute
früher	4,9	⇔	4,8	Ost	4,9	⇔	5,6
T-Test		n.s.		T-Test		p = ,000	
heute	5,6	⇔	5,4	West	4,8	⇔	5,4
T-Test		n.s.		T-Test		p = ,000	
Differenz	- 0,6	⇔	- 0,7				
T-Test		p = ,000					

4.3 *Zusammenhänge zwischen sozialem und ökonomischem Druck*

Die vier Faktoren, mit deren Hilfe der soziale Druck operationalisiert wurde (Angst vor Verschlechterung der individuellen Lebensqualität / Angst vor Gewalt und Überfremdung in der Gesellschaft / Angst vor universellen Bedrohungen / Ökologisch bedingte Ängste) korrelieren zu beiden Meßzeitpunkten, bei Vater und Mutter, in Ost wie West hoch signifikant miteinander. Es kann daher durchaus von einem Syndrom sozialen Drucks gesprochen werden. Wer tendenziell dazu neigt, die individuelle Lebensqualität bedroht zu sehen, hat auch höhere Befürchtungen vor gesellschaftlichen Verschlechterungen und anderen universellen Bedrohungen. Zusammenhänge zum ökonomischen Druck ergeben sich erwartungsgemäß vor allem zum Faktor 1 des sozialen Drucks, der vorrangig Items subsumiert, die eine individuelle Betroffenheit beschreiben. Dies gilt unterschiedslos für Vater / Mutter, Ost und West, früher wie heute. Ein vergleichsweise hoher ökonomischer Druck ist verbunden mit der Angst vor Arbeitslosigkeit, mit Sorge um die wirtschaftliche Situation, mit der Befürchtung ins Abseits zu geraten etc.

Zum aktuellen Meßzeitpunkt 1997 ergeben sich darüber hinaus noch weitere signifikante Zusammenhänge. Hier sind es in erster Linie signifikante Korrelationen, die sich zwischen dem wahrgenommenen ökonomischen Druck und dem Faktor 2 des sozialen Drucks (Angst vor Gewalt und Überfremdung in der Gesellschaft) ergeben. Dies gilt insbesondere für die befragten Väter. Hier zeigen sich hoch signifikante Beziehungen dahingehend, daß eine als vergleichsweise schlecht empfundene ökonomische Situation auch mit höheren Befürchtungen in bezug auf Kriminalität, Gewalt, politischem Extremismus und Angst vor Einwanderungen von Ausländern einhergeht. Mit Ausnahme der Väter im Osten sind darüber hinaus auch Zusammenhänge zum Faktor 3 (Angst vor universellen Bedrohungen) bestimmbar. Dies spricht erneut für ein Syndrom eines wahrgenommenen Drucks, da unmittelbare Zusammenhänge zwischen Befürchtungen vor Krieg und Aids und ökonomischem Druck zunächst nicht zu vermuten sind. Diese These wird unterstützt durch die Tatsache, daß zum Teil auch leichte Zusammenhänge zum Faktor 4 (Ökologisch bedingte Ängste) erkennbar sind. Offensichtlich existiert eine Lebenssituation, die gekennzeichnet ist durch erhöhte soziale Ängste und die tendenziell auch mit einer vergleichsweise schlechten ökonomischen Situation einhergeht. Nochmals sei an dieser Stelle allerdings darauf verwiesen, daß es sich im Schnitt hier um eine äußerst saturierte Stichprobe handelt, bei der nur relative Vergleiche gezogen werden können und von einem reellen ökonomischen Druck kaum gesprochen werden kann. Nichtsdestotrotz lassen sich Belege für eine veränderte Wahrnehmung zwischen 1988 und heute dahingehend finden, daß sowohl der soziale, wie auch der ökonomische Druck in den Familien scheinbar zugenommen hat.

4.4 Skalen zur Familienqualität

Den Annahmen ELDERS (1990) folgend, so drücken sich die nachteiligen Folgen finanzieller Notzeiten nicht unbedingt direkt aus. Vielmehr bewirkt ein wahrgenommener ökonomischer Druck eine desorganisierende

Wirkung auf die Familienbeziehungen. CONGER et al. (1992, 1994) haben dementsprechend starke Zusammenhänge zwischen den in den Familien erlittenen Einbußen und der Befindlichkeit der Eltern („Depressive Mood") sowie der von den Eltern geschilderten Familienqualität ermittelt. Eine der im Vorfeld formulierten Annahmen war, daß diese Hypothese für die Bundesrepublik dahingehend modifiziert werden kann, daß nicht allein finanzielle Einbußen auf die Qualität der Familienbeziehungen wirken, sondern daß vielmehr bereits die Angst vor dem Verlust sozialer Sicherheit eine destabilisierende Wirkung auf die Familien vermuten läßt.

Die Befindlichkeit beider Elternteile wurde mit Hilfe dreier Items operationalisiert, die auf SCHWARZERS Skalen zur Befindlichkeit (1986) zurückzuführen sind. Sie drücken in Anlehnung an CONGER et al. (1992, 1994) den „Depressive Mood" der Eltern aus:

Skala zur „Depressiven Gefühlslage"

- Ich fühle mich als Versager/in

- Ich fühle mich unfähig

- Ich habe kein Selbstvertrauen

α (Mutter) =.75 - α (Vater) =.62

Tabelle 28:   **Ausprägung des „Depressive Mood".**
(Angaben in Mittelwerten und Standardabweichungen)

Mutter				Vater			
Ost		West		Ost		West	
mean	stdv.	mean	stdv.	mean	stdv.	mean	stdv.
1,4	0,46	1,5	0,60	1,3	0,38	1,3	0,43

Min = 1/niedriger „Depressive Mood" Max. = 4/hoher „Depressive Mood"

Wie in Tabelle 28 deutlich zu sehen ist, ist die Befindlichkeit der hier befragten Eltern durchschnittlich sehr gut. Laut eigener Aussage fühlen sie sich kaum als Versager oder unfähig, auch das Selbstvertrauen scheint im Schnitt hoch zu sein.

Tabelle 29:   **Differenzen der Ausprägungen des „Depressiv Mood"**

	Mutter		Vater		Ost		West
Ost	1,4	⇔	1,3	Vater	1,3	⇔	1,3
T-Test		p = ,005		T-Test		n.s.	
West	1,5	⇔	1,3	Mutter	1,4	⇔	1,5
T-Test		p = ,002		T-Test		n.s.	

Es finden sich in bezug auf diese Skala keine Ost-West-Unterschiede, wohl aber sind die Differenzen zwischen Vätern und Müttern signifikant: Die Mütter stimmen diesen Aussagen etwas häufiger zu als Väter. Ihr „Depressive Mood" ist damit nach eigener Einschätzung etwas höher.

<u>Skala zum „Familialen Zusammenhalt"</u>

- In welchem Maße haben sie das Gefühl, das Familienleben beeinflussen zu können?

- Wenn sie Dinge tun müssen, die die Kooperation aller Familienmitglieder erfordern, haben sie das Gefühl daß es.. sicher / sicher nicht ..vorangehen wird?

- Bis jetzt hatte ihre Familie.. sehr klare / keine klaren ..Ziele und Absichten.

- Sind für Sie die Familienregeln verständlich und klar?

- Wenn Ihre Familie mit einem schwierigen Problem konfrontiert ist, ist die Wahl der Lösung für die Familie ..immer vollkommen klar/ verwirrend und schwierig.. zu finden?

- Das Leben in der Familie scheint Ihnen ..sehr interessant / ganz und gar routiniert.

- In welchem Maße ist die Zukunft ihrer Familie klar und können sie einschätzen, wie es in den nächsten fünf Jahren sein wird?

- Haben sie das Gefühl, daß sie in ihrer Familie unfair behandelt werden?

- Wenn sie an Ihr Leben in der Familie denken.. fühlen sie sehr oft, wie gut es ist zu leben / fragen Sie sich sehr oft, warum wir überhaupt leben.

- Die alltäglichen Dinge, die Sie in ihrer Familie tun, geben Ihnen.. Freude und Zufriedenheit / Mißmut und Langeweile.

- Haben Sie den Eindruck, daß Sie nicht genau und klar wissen, was in Ihrer Familie passiert?

- Haben Sie es erlebt, von Familienmitgliedern auf die Sie zählten, enttäuscht zu werden?

α (Mutter) =.90 - α (Vater) =.91

Der familiale Zusammenhalt wurde in der vorliegenden Untersuchung von beiden Elternteilen nach einer siebenstufigen Skala von ANTONOVSKY/ SAGY (1992) eingeschätzt. Es handelt sich hier um zwölf Einzelitems, die auf einem Faktor laden.

Der familiale Zusammenhalt wird in den Familien als sehr hoch berichtet. Es finden sich darüber hinaus keinerlei signifikante Unterschiede zwischen Müttern und Vätern oder auch zwischen Ost und West. Die wahrgenommene Familienqualität ist damit in den hier vorgestellten Substichproben unterschiedslos gut.

Tabelle 30:   **Ausprägung   des   „Familialen   Zusammenhalt"**
(Angaben in Mittelwerten und Standardabweichungen)

Mutter				Vater			
Ost		West		Ost		West	
mean	stdv.	mean	stdv.	mean	stdv.	mean	stdv.
5,7	0,79	5,6	0,85	5,8	0,80	5,7	0,88

Min = 1/niedriger familialer Zusammenhalt; Max. = 7/ hoher familialer Zusammenhalt

4.5 Sozialer / ökonomischer Druck und die Familienqualität

Erste Überprüfungen der Korrelationen zwischen der Ausprägung sozialen bzw. ökonomischen Drucks und den Variablen zur Familienqualität zeigen, daß sich weder zu den Ausprägungen im Jahre 1988 noch zu den gebildeten Veränderungsvariablen (1988-1997) systematische signifikante Zusammenhänge ergeben. Die von Vätern und Müttern wahrgenommene Familienqualität hängt allerdings in starkem Maße mit verschiedenen aktuell empfundenen Druckvariablen zusammen. Sowohl für Mütter als auch für Väter ergeben sich zunächst deutliche wechselseitige Beziehungen zwischen einem als tendenziell hoch empfundenen ökonomischen Druck und dem Familienzusammenhalt wie auch der Befindlichkeit der Eltern: Eltern, die zum Befragungszeitpunkt angaben, nur schwer mit ihrem Einkommen auszukommen und ihre Ersparnisse aufbrauchen müssen, berichten im Schnitt auch über eine schlechtere Befindlichkeit und bewerten den Zusammenhalt in ihrer Familie als weniger gut.

Diese Ergebnisse bestätigen sich hinsichtlich der Indikatoren zum sozialen Druck. Insbesondere die „Angst vor der Verschlechterung der indiduellen Lebensqualität" steht in einem hohen Zusammenhang zu beiden Variablen, welche die familiale Qualität erfassen. Aber auch die Koeffizienten der „Angst vor universellen Bedrohungen" sowie die der „ökologischen Ängste" sind für Väter und Mütter signifikant in bezug auf die familiale Qualität. Unterschiede zwischen Müttern und Vätern ergeben sich bei den Beziehungen zwischen der „Angst vor Gewalt und Überfremdung in der Gesellschaft". Hier zeigen sich vorrangig für die Väter deutliche Zusammenhänge, die wahrgenommene Familienkohärenz der Mütter steht dagegen in keiner Verbindung zu dieser Art des sozialen Drucks.

Um zu ermitteln, welche der hier geschilderten Druckvariablen die Familienqualität in welcher Stärke beeinflussen, wurde, von einem Syndrom sozialen wie auch ökonomischen Drucks ausgehend, zunächst die Interkorrelation dieser Variablen in Beziehung zueinander gesetzt. Für die fünf Indikatoren zum sozialen bzw. ökonomischen Druck wurde ein fiktiver Korrelationswert ermittelt, der das durchschnittliche Verhältnis zur Gesamtkorrelation abbildet ($\bar{x}_\rho = \dfrac{\rho_1 + \rho_2 + \rho_3 + \rho_4}{4}$).

Dabei zeigt sich für die Mütter, daß die „Angst vor der Verschlechterung der individuellen Lebensqualität" den höchsten durchschnittlichen Zusammenhang zu allen anderen Druckvariablen hat. Danach folgen die „Angst vor universellen Bedrohungen", die „Angst vor Gewalt und Überfremdung in der Gesellschaft" und die „ökologischen Ängste". Der „ökonomische Druck" hat hier die geringste durchschnittliche Korrelation zu den restlichen Druckvariablen.

Die Rangfolge der Väter variiert demgegenüber etwas. Auch hier zeigt die „Angst vor der Verschlechterung der individuellen Lebensqualität" den höchsten durchschnittlichen Zusammenhang zu allen anderen Druckvariablen. Danach folgen die „Angst vor Gewalt und Überfremdung in der Gesellschaft", die „Angst vor universellen Bedrohungen" und der „ökonomische Druck". Bei den Vätern sind es die „ökologischen Ängste", die den geringsten Anteil an der Gesamtkorrelation ausmachen. Die folgenden Tabellen stellen Ergebnisse dar, die sich bei multiplen hierarchischen Regressionsanalysen ergeben, wenn man die Variablen zum sozialen bzw. ökonomischen Druck in dieser bzw. umgekehrter Rangreihenfolge als unabhängig bestimmt. Abhängige Variablen sind der wahrgenommene familiale Zusammenhalt von Vater und Mutter sowie deren Neigung zu „Depressive Mood". In den jeweils ersten Spalten sind die unabhängigen Variablen in, bezüglich des Durchschnittskoeffizienten, absteigender Reihenfolge, eingegeben. In den zweiten Spalten dagegen geht die Variable mit dem geringsten Anteil an der Gesamtkorrelation zuerst ein.

Kurzbezeichnungen der Skalen zum Sozialen Druck in den Regressionsanalysen

- Individuell: „Angst vor Verschlechterung der individuellen Lebensqualität"

- Universell: „Angst vor universellen Bedrohungen"

- Makrosozial: „Angst vor Gewalt und Überfremdung in der Gesellschaft"

- Ökologisch: „Ökologische Ängste".

- Ökonomisch: „Ökonomischer Druck"

Tabelle 31: **Regressionsanalysen Mütter „Familialer Zusammenhalt"**

Familialer Zusammenhalt Mütter ⇓				Familialer Zusammenhalt Mütter ⇑			
	unabh. Variable	Beta (Sig.)	r²		unabh. Variable	Beta (Sig.)	r²
1. Schritt	Individuell	.21 (.000)	.04	1. Schritt	Ökonomisch	-.23 (.000)	.05
2. Schritt	Individuell	.24 (.000)		2. Schritt	Ökonomisch	-.23 (.000)	
	Universell	-.06 (n.s.)	.04		Ökologisch	.05 (n.s.)	.05
3. Schritt	Individuell	.27 (.000)		3. Schritt	Ökonomisch	-.23 (.000)	
	Universell	-.03 (n.s.)			Ökologisch	.05 (n.s.)	
	Makro	-.09 (n.s.)	.05		Makro	.01 (n.s.)	.06
4. Schritt	Individuell	.27 (.000)		4. Schritt	Ökonomisch	-.23 (.000)	
	Universell	-.03 (n.s.)			Ökologisch	.05 (n.s.)	
	Makro	-.09 (n.s.)			Makro	.01 (n.s.)	
	Ökologisch	.01 (n.s.)	.05		Universell	.00 (n.s.)	.06
5. Schritt	Individuell	.19 (.008)		5. Schritt	Ökonomisch	-.18 (.001)	

Universell	-.05 (n.s.)			Ökologisch	.02 (n.s.)	
Makro	-.05 (n.s.)			Makro	-.05 (n.s.)	
Ökologisch	.02 (n.s.)			Universell	-.05 (n.s.)	
Ökonomisch	-.18 (.001)	.07		Individuell	.19 (.008)	.07

Die Ergebnisse zum wahrgenommenen Familienzusammenhalt seitens der Mutter sind eindeutig. Hier sind es hohe Ängste vor einer Verschlechterung der individuellen Lebensqualität, die mit einer als relativ schlecht wahrgenommenen Familiensituation einhergehen. Darüber hinaus wird dies vor allem von einem als vergleichsweise hoch empfundenen ökonomischen Druck bewirkt. In Einzelanalysen klärt der als hoch empfundene ökonomische Druck etwas mehr Varianz auf (r^2=.05) als die Ängste vor einem Verlust der individuellen Lebensqualität (r^2=.04). Andere Variablen gehen zu keinem Zeitpunkt signifikant in die Gleichung ein und zielen daher offenbar auf den selben Teil der aufzuklärenden Varianz ab.

Abbildung 3: **Einflußfaktoren auf die Beurteilung des familialen Zusammenhaltes (Mutter)**

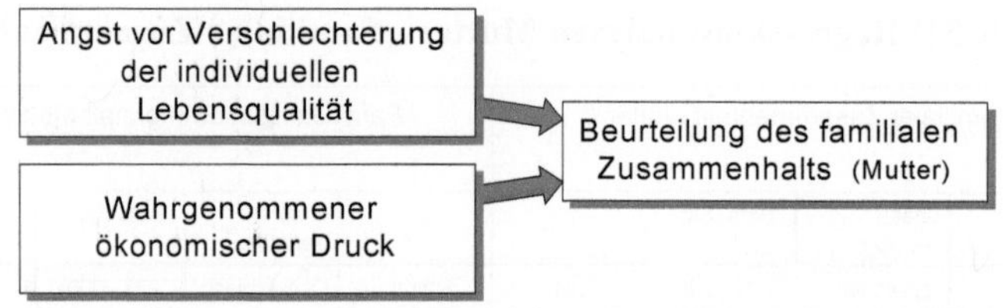

Tabelle 32: **Regressionsanalysen Mütter „Depressive Mood"**

Depressive Mood Mütter ⇓				Depressive Mood Mütter ⇑			
	unabh. Variable	Beta (Sig.)	r²		unabh. Variable	Beta (Sig.)	r²
1. Schritt	Individuell	-.19 (.000)	.04	1. Schritt	Ökonomisch	.13 (.013)	.02
2. Schritt	Individuell	-.24 (.000)		2. Schritt	Ökonomisch	.12 (.023)	
	Universell	.08 (n.s.)	.04		Ökologisch	-.08 (n.s.)	.02
3. Schritt	Individuell	-.24 (.000)		3. Schritt	Ökonomisch	.11 (.027)	
	Universell	.08 (n.s.)			Ökologisch	-.07 (n.s.)	
	Makro	.02 (n.s.)	.04		Makro	-.04 (n.s.)	.02
4. Schritt	Individuell	-.23 (.001)		4. Schritt	Ökonomisch	.11. (024)	
	Universell	.08 (n.s.)			Ökologisch	-.07 (n.s.)	
	Makro	.02 (n.s.)			Makro	-.06 (n.s.)	
	Ökologisch	-.04 (n.s.)	.04		Universell	.02 (n.s.)	.03
5. Schritt	Individuell	-.20 (.006)		5. Schritt	Ökonomisch	.07 (n.s.)	
	Universell	.09 (n.s.)			Ökologisch	-.04 (n.s.)	
	Makro	.01 (n.s.)			Makro	.01 (n.s.)	
	Ökologisch	-.04 (n.s.)			Universell	.09 (n.s.)	
	Ökonomisch	.07 (n.s.)	.04		Individuell	-.20 (.006)	.04

Tabelle 33: **Regressionsanalysen Väter „Familialer Zusammenhalt"**

Familialer Zusammenhalt Väter ⇓				Familialer Zusammenhalt Väter ⇑			
	unabh. Variable	Beta (Sig.)	r²		unabh. Variable	Beta (Sig.)	r²
1. Schritt	Individuell	.17 (.004)	.03	1. Schritt	Ökologisch	.04 (n.s.)	.00
2. Schritt	Individuell	.05 (n.s.)		2. Schritt	Ökologisch	.03 (n.s.)	
	Makrosozial	.18 (.017)	.05		Ökonomisch	-.19 (n.s.)	.04
3. Schritt	Individuell	.00 (n.s.)		3. Schritt	Ökologisch	-.01 (n.s.)	
	Makrosozial	.17 (.037)			Ökonomisch	-.16 (.006)	
	Universell	.13 (.050)	.06		Universell	.17 (.004)	.06
4. Schritt	Individuell	-.03 (n.s.)		4. Schritt	Ökologisch	-.05 (n.s.)	
	Makrosozial	.14 (.062)			Ökonomisch	-.13 (.030)	
	Universell	.13 (.053)			Universell	.13 (.045)	
	Ökonomisch	-.14 (.025)	.08		Makrosozial	.14 (.035)	.08
5. Schritt	Individuell	-.01 (n.s.)		5. Schritt	Ökologisch	-.05 (n.s.)	
	Makrosozial	.15 (.055)			Ökonomisch	-.13 (.031)	
	Universell	.13 (.052)			Universell	.13 (.052)	
	Ökonomisch	-.13 (.031)			Makrosozial	.15 (.055)	
	Ökologisch	-.05 (n.s.)	.08		Individuell	-.01 (n.s.)	.08

Tabelle 34: **Regressionsanalysen Väter „Depressive Mood"**

Depressive Mood Väter ⇓				Depressive Mood Väter ⇑			
	unabh. Variable	Beta (Sig.)	r²		unabh. Variable	Beta (Sig.)	r²
1. Schritt	Individuell	-.16 (.006)	.03	1. Schritt	Ökologisch	-.06 (n.s.)	.00
2. Schritt	Individuell	-.10 (n.s.)		2. Schritt	Ökologisch	-.06 (n.s.)	
	Makrosozial	-.10 (n.s.)	.03		Ökonomisch	.12 (.036)	.02
3. Schritt	Individuell	-.05 (n.s.)		3. Schritt	Ökologisch	-.02 (n.s.)	
	Makrosozial	-.07 (n.s.)			Ökonomisch	.10 (n.s.)	
	Universell	-.14 (.044)	.05		Universell	-.17 (.005)	.05
4. Schritt	Individuell	-.03 (n.s.)		4. Schritt	Ökologisch	.00. (n.s.)	
	Makrosozial	-.07 (n.s.)			Ökonomisch	.08 (n.s.)	
	Universell	-.13 (.045)			Universell	-.14 (.026)	
	Ökonomisch	.08 (n.s.)	.05		Makrosozial	-.08 (n.s.)	.04
5. Schritt	Individuell	-.03 (n.s.)		5. Schritt	Ökologisch	-.01 (n.s.)	
	Makrosozial	-.07 (n.s.)			Ökonomisch	.07 (n.s.)	
	Universell	-.13 (.045)			Universell	-.13 (.045)	
	Ökonomisch	.07 (n.s.)			Makrosozial	-.07 (n.s.)	
	Ökologisch	.01 (n.s.)	.05		Individuell	-.03 (n.s.)	.05

Eine schlechte psychosoziale Befindlichkeit der Mutter (Depressive Mood) wird ebenfalls von der „Angst vor der Verschlechterung individueller Lebensqualität" bestimmt. Geht diese Variable zuerst in die Gleichung ein, erhält keine weitere unabhängige Variable einen signifikanten Betakoeffizienten. Die umgekehrte Reihenfolge zeigt, daß die Ergebnisse dennoch ähnlich wie die vorangegangenen sind. Für sich genommen klärt auch der wahrgenommene „ökonomische Druck" die Hälfte der insgesamt aufgeklärten Varianz auf.

Abbildung 4: **Einflußfaktoren auf die depressive Gefühlslage (Mutter)**

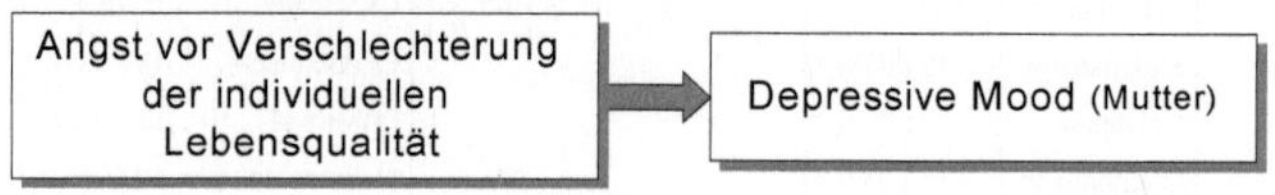

Allerdings bleibt diese insgesamt ausgesprochen niedrig (r^2=.04) und wie die Ergebnisse der Spalte 1 zeigen, wird letztendlich der Einfluß des „ökonomischen Drucks" von dem der „Angst vor einer Verschlechterung der individuellen Lebensqualität" verdrängt.

Weniger klar zu formulieren sind die Ergebnisse hinsichtlich der Bedingungsfaktoren der väterlichen Wahrnehmung des familialen Zusammenhaltes. Hier scheinen die unabhängigen Variablen in noch höherem Maße konfundiert. Allein die ökologischen Ängste gehen zu keinem Zeitpunkt signifikant in die hier aufgestellte Gleichung ein. Es ist erneut ein wahrgenommener ökonomischer Druck, der sich gegenüber den anderen durchsetzt, allerdings ist die Betrachtung der schrittweisen Entwicklung durchaus aufschlußreich. Die „Angst vor der Verschlechterung der individuellen Lebensqualität" (als Variable mit dem höchsten Anteil an der Gesamtkorrelation aller Druckvariablen) ist als Einflußfaktor zunächst hoch signifikant, bei einer Hinzunahme der Variable „Angst vor Gewalt und Überfremdung in der Gesellschaft" nivelliert sich dieser Einfluß allerdings zugunsten des neu hinzugekommenen Faktors, der ebenfalls signifikant in die Gleichung eingeht. Auch die dritte Variable „Angst vor universellen Bedrohungen" scheint noch einen gewissen Einfluß auf den vom Vater wahrgenommenen familialen Zusammenhalt zu haben. Beide Faktoren werden jedoch knapp nicht signifikant, wenn der „ökonomische Druck" mit in die Gleichung aufgenommen wird.

Wird diese Analyse durchgeführt, indem die unabhängigen Variablen in umgekehrter Reihenfolge eingegeben werden, zeigt sich, daß der ökonomische Druck, für sich genommen, nur die Hälfte der insgesamt aufgeklärten Varianz ausmacht, und daß insgesamt die beiden Faktoren „Angst vor universellen Bedrohungen" und „Angst vor Gewalt und Überfremdung in der Gesellschaft" für die restliche aufgeklärte Varianz verantwortlich sind, obgleich sie in Kombination beide schwach nicht signifikant sind.

Abbildung 5:   **Einflußfaktoren auf die Beurteilung des familialen Zusammenhaltes (Vater)**

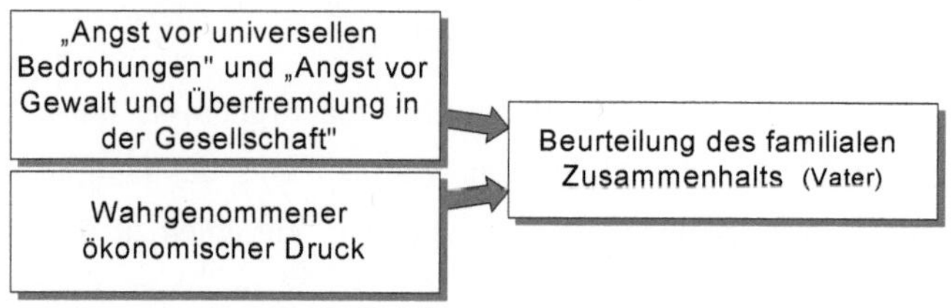

Auch bei den Resultaten zur Befindlichkeit des Vaters (Depressive Mood) wird insgesamt das hohe Maß der Konfundierung der unabhängigen Variablen deutlich. Einen signifikanten β-Koeffizienten hat im fünften Schritt der Gleichung ausschließlich die „Angst vor universellen Bedrohungen", allerdings ist auch diese nur auf dem 5% Niveau signifikant und macht für sich genommen auch nicht ganz die Hälfte der insgesamt aufgeklärten Varianz aus (r^2 = .02). Führt man erneut die Analysen für alle unabhängigen Variablen separat durch, so zeigt sich, daß für sich genommen auch die „Angst vor Verschlechterung der individuellen Lebensqualität", die „Angst vor Gewalt und Überfremdung in der Gesellschaft" sowie der „ökonomische Druck" signifikante Ergebnisse mit jeweils r^2 = .02 an aufgeklärter Varianz liefern.

Abbildung 6: **Einflußfaktoren auf die depressive Gefühlslage (Vater)**

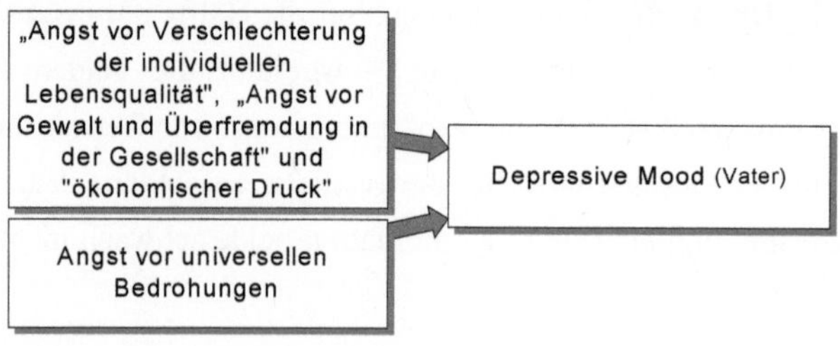

Es ist davon auszugehen, daß diese Variablen ein Syndrom bilden, das relativ zu der aufgeklärten Gesamtstreuung durchaus Varianz aufklärt. Durch die hohe Konfundierung sind in einer multiplen hierarchischen Regressionsanalyse jedoch dann keine verschiedenen signifikanten Einzelwerte zu erwarten, wenn die unabhängigen Variablen auf den gleichen Anteil bei der abhängigen Variablen auftretenden Varianz abzielen.

4.6 Zusammenfassung

Es läßt sich zusammenfassend feststellen, daß die Eltern der hier untersuchten Stichprobe trotz ihrer durchschnittlich hohen Position im sozialen Schichtgefüge eine deutliche Zunahme des sozialen Drucks im Verlauf der Jahre nach der Wende berichten. Sozialer Druck wurde hierbei mittels vier unterschiedlicher Konstrukte erfaßt, die als „Angst vor Verschlechterung der individuellen Lebensqualität", „Angst vor Gewalt und Überfremdung in der Gesellschaft", „Angst vor universellen Bedrohungen" sowie als „ökologische Ängste" bezeichnet wurden. Diese vier Faktoren zum sozialen Druck können als Syndrom angesehen werden. Wer Angst um seine individuelle Lebensqualität hat, fürchtet im Schnitt auch eher Gewalt und Überfremdung in der Gesellschaft etc. Die Zunahme dieses sozialen Drucks ist in unserer Oststichprobe deutlich ausgeprägter als im Westen. Gleichwohl unterscheiden sich auch hier die Einschätzungen beider Elternteile zwischen früher und heute hoch signifikant. Auffällig sind darüber hinaus deutliche Ost-West-Differenzen zu beiden Zeitpunkten. Während die Eltern der Oststichproben aus der Retrospektive heraus die Vergangenheit erheblich besser beurteilen als die Mütter und Väter im Westen, verhält es sich zum aktuellen Erhebungszeitraum umgekehrt: Die Beurteilung der Gegenwart fällt von Vätern und Müttern im Osten deutlich schlechter aus. Insgesamt kann von einem gestiegenen sozialen Druck in der gesamten BRD ausgegangen werden, im Osten wird dieser absolut wie relativ stärker wahrgenommen.

Insgesamt befinden sich die hier befragten Eltern durchschnittlich in einer ökonomisch saturierten Position. Absolut berichten sie kaum von ökonomischem Druck. Nichtsdestotrotz kann von einer subjektiv wahrgenommenen Verschlechterung gesprochen werden.

Ein - relativ betrachtet - hoher ökonomischer Druck geht darüber hinaus mit einem hohen sozialen Druck einher. Es existiert offenbar eine Lebenssituation, die von hohen sozialen wie ökonomischen Ängsten gekennzeichnet ist.

Es zeigt sich weiterhin, daß ein wahrgenommener Druck auch auf die (insgesamt erfreulich positiv ausfallende) Einschätzung des familialen Zusammenhaltes sowie die Befindlichkeit beider Elternteile („Depressive Mood") wirkt. Während die Variablen zur Familie bei der Mutter jedoch in erster Linie von der „Angst vor Verschlechterung der individuellen Lebensqualität" sowie dem „ökonomischen Druck" beeinflußt werden, spielen beim Vater auch makrosoziale Ängste eine stärkere Rolle.

Im folgenden werden familiale wie personale Ressourcen Jugendlicher sowie deren Beurteilung anomischer Wertvorstellungen vorgestellt. Daran anschließend erfolgt eine Verbindung der (makrosozial beeinflußten) Elternvariablen mit den von den Jugendlichen berichteten Aussagen.

5 Analyse der Jugenddaten

5.1 Familiale Ressourcen

Analog zu den Eltern wurden auch die Jugendlichen gebeten, den familialen Zusammenhalt aus ihrer Sicht zu beurteilen. Die Skala erweist sich mit einem $\alpha = .90$ bei den Jugendlichen ebenfalls als sehr zuverlässig.

Tabelle 35: **Ausprägung des familialen Zusammenhaltes**
(Angaben in Mittelwerten und Standardabweichungen)

Mädchen				Jungen			
Ost		West		Ost		West	
mean	stdv.	mean	stdv.	mean	stdv.	mean	stdv.
5,2	0,94	5,2	1,02	5,3	0,80	5,2	0,90

Min = 1 / niedriger familialer Zusammenhalt; Max = 7 / hoher familialer Zusammenhalt

Bei der Einschätzung des familialen Zusammenhaltes seitens der Jugendlichen existieren keine Unterschiede zwischen den Geschlechtern oder zwischen Ost und West. Bei einer maximalen Ausprägung dieser Skala von Max. = 7 ist die Wahrnehmung und Beurteilung der familialen Qualität auch bei den Jugendlichen gut. Deutliche Differenzen existieren allerdings zwischen beiden Elternteilen und den Jugendlichen. Die Mittelwerte der Jugendlichen unterscheiden sich in allen hier aufgeführten Substichproben hoch signifikant von Vater und Mutter. Damit stehen Jugendliche dem familialen Zusammenhalt wesentlich kritischer gegenüber als ihre Eltern.

5.2 Personale Ressourcen

Personale Ressourcen werden in den nachfolgenden Analysen durch drei Skalen erfaßt, die Aussagen über die psychosoziale Befindlichkeit Schuljugendlicher treffen. Nach MERKENS (1995, S. 29) kennzeichnet der Ausdruck psychosozial *„die Bedingtheit psychischer Faktoren (Denken, Lernen z.B.) durch soziale Gegebenheiten (Sprache, Gesellschaft, Kultur) aber auch der Wahrnehmung, Strukturierung und Wertung solcher Gegebenheiten"*. Zentral sind nicht temporäre Stimmungsschwankungen, sondern relativ überdauernde psychische Dispositionen, die bereits in der Kindheit ausgebildet werden. Es wird davon ausgegangen, daß eine gute psychosoziale Befindlichkeit durch eine hohe innere Ausgeglichenheit, eine hohe Selbstsicherheit sowie durch eine mangelnde Ärgerbereitschaft gekennzeichnet ist. Nachfolgend findet sich eine deskriptive Darstellung der entsprechenden Konstrukte.

Skala zur „Ärgerbereitschaft"

- Ich werde schnell ärgerlich, wenn ich durch Fehler anderer Leute behindert werde

- Ich bin sauer, wenn ich keine Anerkennung für meine guten Leistungen bekomme

- Es macht mich rasend, wenn ich von anderen kritisiert werde

- Ich bin wütend, wenn ich etwas gut mache und ich schlecht beurteilt werde

$$\alpha = .69$$

Tabelle 36:   **Ausprägung der Ärgerbereitschaft**
(Angaben in Mittelwerten und Standardabweichungen)

Mädchen				Jungen			
Ost		West		Ost		West	
mean	stdv.	mean	stdv.	mean	stdv.	mean	stdv.
2,7	0,61	2,7	0,61	2,8	0,57	2,7	0,64

Min = 1 / niedrige Ärgerbereitschaft; Max = 4 / hohe Ärgerbereitschaft

Die Items zur Ärgerbereitschaft lassen sich auf SCHWARZERs Skalen zur Befindlichkeit (1986) zurückführen. Hier wird erfaßt, ob Jugendliche gereizt und aufgebracht reagieren, dies vor allem in Situationen, in der sie Kritik als ungerechtfertigt empfinden. Das Antwortverhalten zu diesen Aussagen ist bei den Jugendlichen in der von uns gezogenen Stichprobe leicht rechtsschief. Die Mittelwerte liegen durchgängig leicht über dem theoretisch zu erwartenden Mittelwert. Dies gilt unabhängig vom Geschlecht oder Wohnort. Damit wird den oben genannten Aussagen im Schnitt eher zugestimmt.

<table>
<tr><td>

Skala zur „Inneren Ausgeglichenheit"

- Ich rege mich leicht auf

- Ich werde schnell ärgerlich

- Ich bin ein Hitzkopf

- Ich verliere leicht meine Beherrschung

$\alpha = .80$

</td></tr>
</table>

Tabelle 37: **Ausprägung der inneren Ausgeglichenheit**
(Angaben in Mittelwerten und Standardabweichungen)

Mädchen				Jungen			
Ost		West		Ost		West	
mean	stdv.	mean	stdv.	mean	stdv.	Mean	stdv.
2,0	0,58	2,1	0,61	1,9	0,62	2,0	0,67

Min = 1 / sehr ausgeglichen Max. = 4/ weniger ausgeglichen

Die Skala zur „Inneren Ausgeglichenheit" bezieht sich ebenfalls auf Items, die sich auf SCHWARZERs Skalen zur Befindlichkeit (1986) zurückführen lassen. Die Jugendlichen sollten hier beurteilen, ob sie leicht die Beherrschung verlieren oder sich selbst für „hitzköpfig" halten. Im Unterschied zur Ärgerbereitschaft treffen diese Items Aussagen, die sich auf eine prinzipielle Reizbarkeit ohne einen zunächst erkennbaren Anlaß beziehen.

Diesen Items wird dementsprechend deutlich weniger häufig zugestimmt als jenen zur Ärgerbereitschaft. Die Skala zur inneren Ausgeglichenheit ist folglich deutlich linksschief. Die Jugendlichen in unserer Stichprobe können als im Durchschnitt ausgeglichen bezeichnet werden. Signifikante Unterschiede bestehen hier im Antwortverhalten zwischen Jungen und Mädchen dahingehend, daß Jungen diesen Aussagen deutlich häufiger zustimmen als Mädchen. Die Unterschiede zwischen Ost und West dagegen erweisen sich als nicht signifikant.

<u>Skala zur „Selbstsicherheit"</u>

- Ich bin mit mir selbst zufrieden

- Ich bin ein beständiger Mensch

- Ich fühle mich sehr sicher

$\alpha = .65$

Tabelle 38:   **Ausprägung der Selbstsicherheit**
(Angaben in Mittelwerten und Standardabweichungen)

Mädchen				Jungen			
Ost		West		Ost		West	
mean	stdv.	mean	stdv.	mean	stdv.	mean	stdv.
2,5	0,59	2,6	0,58	2,6	0,56	2,7	0,52

Min = 1 / niedrige Selbstsicherheit; Max = 4 / hohe Selbstsicherheit

Auch die Aussagen zur Selbstsicherheit sind SCHWARZERs Skalen zur Befindlichkeit (1986) entnommen. Hier wird erfaßt, wie beständig und sicher sich die Jugendlichen fühlen, wie zufrieden sie mit sich selbst sind. Insgesamt kann von einer gut ausgeprägten Selbstsicherheit in unserer Stichprobe ausgegangen werden. Erneut erweisen sich die Unterschiede zwischen Ost und West als nicht bedeutend, die Differenzen zwischen Jungen und Mädchen dagegen sind hoch signifikant. Jungen verfügen in höherem Maße über Selbstsicherheit als Mädchen.

5.3 Werthaltungen Jugendlicher

Die Ausbildung von Werthaltungen gehört zu den wichtigsten Entwicklungsaufgaben im Jugendalter (vgl. HURRELMANN 1994). Wie CLAßEN (1997, S. 99) ausführt, kann von einem deutlichen Einfluß des Elternhauses auf die Herausbildung von Wertorientierungen ausgegangen werden, der insbesondere in Zeiten sozialen Wandels eine besondere Beachtung verlangt. Im folgenden werden jugendliche Werthaltungen mittels dreier Skalen operationalisiert, die sich unter dem Oberbegriff „Alltagswerte" subsumieren lassen. Es soll damit erfaßt werden, welche Einstellungen Schuljugendliche hinsichtlich verschiedener Alltagserscheinungen und -auffassungen haben. Es handelt sich hierbei um die Neigung zu Egozentrismus, um nationalistische Grundhaltungen sowie um eine grundsätzliche Haltung in bezug auf Normakzeptanz. Die Konstrukte werden im folgenden deskriptiv vorgestellt.

Skala zum „Egozentrismus/ Anomie"

- Es ist nicht so wichtig wie man gewinnt, sondern daß man gewinnt

- Man sollte nur dann den wahren Grund seiner Absichten zeigen, wenn es einem nützt

- Wer sich für die Zwecke anderer ausnutzen läßt, ohne es zu merken, verdient kein Mitleid

- Man muß die Taten der Menschen nach ihrem Erfolg beurteilen

$\alpha = .70$

Tabelle 39:   **Ausprägung des Egozentrismus/ Anomie**

(Angaben in Mittelwerten und Standardabweichungen)

Mädchen				Jungen			
Ost		West		Ost		West	
mean	stdv.	mean	stdv.	mean	stdv.	mean	stdv.
2,0	0,57	1,9	0,59	2,2	0,57	2,1	0,60

Min = 1 / niedriger Egozentrismus; Max = 4 / hoher Egozentrismus

Die Skala zum Egozentrismus ist auf HENNING/ SIX (1977) zurückzuführen, ursprünglich wurde sie als Machiavelli-Skala konstruiert. Sie soll erfassen, inwieweit Jugendliche bereit sind, ihre Ziele und Absichten durchzusetzen, ohne dabei auf die Wahl der Mittel zu achten. Die Skala zum Egozentrismus ist deutlich linksschief. Die Jugendlichen sind damit im Schnitt zurückhaltend bei der Zustimmung zu diesen Aussagen. Es lassen sich allerdings deutliche Differenzen sowohl zwischen den Geschlechtern als auch zwischen den Wohnorten feststellen. Tendenziell neigen Mädchen weniger zu Egozentrismus als Jungen; im Osten ist eine egozentrische Haltung darüber hinaus ausgeprägter als im Westen.

<table>
<tr><td>

<u>Skala zur „Nationalistischen Grundhaltung“</u>

- Ausländern kann man in jeder Hinsicht vertrauen wie Deutschen

- Das oberste Ziel der deutschen Politik sollte es sein, Deutschland wieder die Macht und Geltung zu verschaffen, die es früher hatte

- Ganz glücklich kann der Mensch nur in seiner Heimat werden

- Entwicklungshilfe im Ausland muß in erster Linie uns selber nützen, andernfalls ist es übertriebene Menschenfreundlichkeit und Verschwendung

- Es ist nicht gut, viele Ausländer im Land zu haben, weil sie oft unangenehm und anmaßend sind.

$\alpha = .82$

</td></tr>
</table>

Tabelle 40:   **Ausprägung des Nationalismus**

(Angaben in Mittelwerten und Standardabweichungen)

Mädchen				Jungen			
Ost		West		Ost		West	
mean	stdv.	mean	stdv.	mean	stdv.	Mean	stdv.
2,1	0,61	1,9	0,57	2,2	0,60	2,0	0,61

Min = 1 / wenig ausgeprägte nationalistische Grundeinstellung

Max = 4 / hoch ausgeprägte nationalistische Grundeinstellung

Die Items zum Nationalismus sind auf LIEBHARD/ LIEBHARD (1971) zurückzuführen. Es handelt sich hier um Einstellungsitems, die eine ausländerfeindliche mit einer nationalistischen Grundhaltung verbinden. Die Skala zum Nationalismus erweist sich in dieser Stichprobe als linksschief, d.h. die Mehrzahl der Jugendlichen lehnt diese Aussagen tendenziell ab. Es lassen sich jedoch erneut Differenzen zwischen Ost und West erkennen. Im Osten ist die nationalistische Grundhaltung stärker ausgeprägt. Desweiteren sind es die männlichen Teilnehmer unserer Erhebung, die solchen Aussagen in stärkerem Maße zustimmen.

Skala zur „Normakzeptanz"

- Ich will eine Menge Geld verdienen, auch wenn ich dafür manchmal gegen die Vorschriften verstoßen muß

- Um voranzukommen, muß man manchmal etwas tun, was nicht korrekt ist

- Es ist wichtiger, im Leben voranzukommen, als sich an die Spielregeln zu halten

- Trottel haben es nicht anders verdient, als daß man sie ausnutzt

- Man kann ruhig das Gesetz umgehen, wenn man dabei ungeschoren davon kommt

$\alpha = .78$

Tabelle 41:   **Ausprägung der Normakzeptanz**
(Angaben in Mittelwerten und Standardabweichungen)

Mädchen				Jungen			
Ost		West		Ost		West	
mean	stdv.	mean	stdv.	mean	stdv.	mean	stdv.
1,9	0,52	1,9	0,54	2,2	0,54	2,1	0,58

Min = 1 /hohe Normakzeptanz; Max = 4/ keine Normakzeptanz

Die Aussagen zur (mangelnden) Normakzeptanz wurden erstmals von SEEMAN (1991) verwendet. Es wird erfaßt, inwieweit Jugendliche bereit sind, allgemeine Spielregeln zu umgehen, für den Fall, daß ihnen das persönliche Vorteile verschafft. Auch diese Skala ist deutlich linksschief, d.h. die Jugendlichen stimmen geltenden Normen im Durchschnitt eher zu, als daß sie sie ablehnen. Die Mittelwerte lassen sich darüber hinaus analog zu den beiden vorangegangenen interpretieren: Es sind die Mädchen, die gängige Normen und Vorschriften vergleichsweise stärker akzeptieren. Erneut sind es auch die Jugendlichen aus dem Osten, die signifikant stärker den oben beschriebenen Aussagen zustimmen.

5.4 Schlußfolgerungen

Es läßt sich zusammenfassend die Aussage treffen, daß sowohl die familialen als auch die personalen Ressourcen der Jugendlichen in unserer Stichprobe im Schnitt gut sind. Der familiale Zusammenhalt wird auch von den Jugendlichen selbst als positiv beurteilt.

Die personalen Ressourcen wurden mit drei Skalen zur psychosozialen Befindlichkeit operationalisiert, welche eine psychische Disposition abbildet, die während der Kindheit ausgebildet wurde und im Jugendalter als stabil angenommen wird. Es handelt sich einmal um das Maß an „Selbstsicherheit", das Jugendlichen zur Verfügung steht, des weiteren um die „innere Ausgeglichenheit", über die sie verfügen und um die „Ärgerbereitschaft". Mädchen und Jungen unterscheiden sich in einigen Punkten zur psychosozialen Befindlichkeit. Mädchen verfügen über eine bessere innere Ausgeglichenheit, dafür sind Jungen bedeutend selbstsicherer. Die Ausprägung der Ärgerbereitschaft dagegen ist unabhängig vom Geschlecht. Bei keinem der drei Konstrukte ergeben sich signifikante Unterschiede zwischen Ost und West, es kann daher davon ausgegangen werden, daß die psychosoziale Befindlichkeit in Ost und West ähnlich ausgebildet wurde.

Es lassen sich darüber hinaus deutliche Zusammenhänge zwischen den Variablen zur Befindlichkeit erkennen: Eine hohe innere Ausgeglichenheit geht mit einem ausgeprägten Selbstvertrauen und wenig Ärgerbereitschaft einher.

Die Entwicklung von Werthaltungen wurde als eine zentrale Aufgabe im Jugendalter beschrieben. In der vorliegenden Arbeit erfolgt hier eine Konzentration auf Alltagswerte, die nationalistische und egozentristische Grundeinstellungen erfassen und darüber hinaus die Bereitschaft abbilden, sich gängigen Normen zu beugen. Es läßt sich in Kombination dieser drei Konstrukte von einem deutlichen Syndrom anomischer Werthaltungen sprechen: Wer ausländerfeindlichen und nationalistischen Aussagen tendenziell zustimmt, zeigt auch sonst eine ausgesprochene Ellenbogenmentalität und akzeptiert Normen weniger.

Insgesamt ist eine solche anomische Werthaltung bei den von uns erfaßten Jugendlichen tendenziell schwach ausgeprägt. Allerdings lassen sich durchgängige Geschlechter- und Wohnortdifferenzen finden: Jungen vertreten eine nationalistische, egozentristische und normablehnende Haltung in stärkerem Maße, desgleichen sind es die ostdeutschen Jugendlichen unserer Stichprobe, die einer solchen Grundeinstellung eher zustimmen.

Eine stabile psychische Disposition, so die zentrale Annahme, ist neben guten familialen Ressourcen ein wesentlicher Schutzfaktor hinsichtlich der Ausbildung anomischer Werthaltungen. Im folgenden werden mittels verschiedener LISREL-Analysen die entsprechenden Zusammenhänge überprüft. Zum einen wird, wie in Kapitel 4.5, dargestellt, in Modifikation von CONGER et al. (1992, 1994), der Einfluß des sozialen wie auch ökonomischen Drucks auf die Befindlichkeit der Eltern sowie deren Beurteilung des familialen Zusammenhalts überprüft. Zum anderen wird kontrolliert, inwieweit sich eine solche Einschätzung der familialen Qualität auf die der Jugendlichen auswirkt. Dieses Zusammenspiel (makrosozial beeinflußter) familialer Ressourcen wird in Zusammenhang mit der Ausprägung personaler Ressourcen auf die Herausbildung anomischer Werthaltungen überprüft.

6 Makrosozialer Druck und jugendliche Wertvorstellungen

Die im folgenden vorgestellten Strukturgleichungsmodelle veranschaulichen die Ergebnisse verschiedener LISREL-Analysen, die zum einen für die Gesamtstichprobe, zum anderen für die Teilstichproben differenziert nach Ost und West gerechnet wurden. Um einer Stichprobenreduktion entgegenzuwirken, wurden die Zusammenhänge getrennt für Jugendliche/ Mütter und Jugendliche/ Väter unter gesonderter Betrachtung der endogenen Variablen „Egozentrismus", „Nationalismus" und „Mangelnde Normakzeptanz" ermittelt, so daß sich die Reihenfolge der Modelle an folgendem Schema orientiert:

Tabelle 42: **Übersicht der Abbildungen zu den LISREL-Modellen**

(siehe Anhang A)

Gesamt-Stichprobe						Ost-/West-Stichprobe					
Mütter			Väter			Mütter			Väter		
Normak-zeptanz	Nationali smus	Ego-zentris-mus	Normak-zeptanz	Nationa-lismus	Ego-zentris-mus	Ego-zentri-mus	Nationali smus	Normak-zeptanz	Egozen-trismus	Nationa-lismus	Normak-zeptanz
Abb. 7	Abb. 9	Abb. 11	Abb. 8	Abb. 10	Abb. 12	Abb. 17	Abb. 15	Abb. 13	Abb. 14	Abb. 18	Abb. 14

Da die verwendeten Konstrukte größtenteils keine Normalverteilung und die Variablen eine unterschiedliche Streuung aufweisen, wurde die Möglichkeit des LISREL-Programms wahrgenommen, Analysen auf der Basis von Kovarianzmatrizen zu rechnen.

Die Größe der Stichprobe läßt, um valide Ergebnisse zu erzielen, die Aufnahme einer nur begrenzten Anzahl Items zu. Daher wurden die in Kapitel 3 und 4 per explorativer Faktorenanalyse ermittelten und auf ihre Reliabilität hin überprüften Konstrukte als manifeste Variablen, die auf sich selbst wirken, in die Analysen aufgenommen. Zwar erfolgt mit der Null-setzung der Fehlervarianz der einzelnen Variablen eine externe Bereinigung der Residualeffekte, jedoch können die berichteten Reliabilitäten in Abhängigkeit von der Anzahl der Items als zufriedenstellend angesehen werden, so daß hier im Vergleich zu einer Überfrachtung des Modells mit Einzelitems geringere Verluste bezüglich der Variabilität zu erwarten sind. Nicht zuletzt bei den Differenzmodellen Ost/ West läßt der Umfang der Teilstichproben eine solche umfangreiche Analyse mit Einzelitems nicht mehr zu, so daß eine Äquivalenz zwischen den Gesamt- und den Teilmodellen nicht gegeben wäre. Da aber gerade das Zentrum des Interesses auf diesen Vergleichen liegt, bildet diese Vorgehensweise eine Schnittmenge zwischen meßtheoretischen Argumenten und dem Relevanzkriterium (vgl. BORTZ 1984; BORTZ/ LIENERT/ BOEHNKE 1990).

Als exogene manifeste Variablen gehen in die Analysen die Konstrukte zum ökonomischen und sozialen Druck ein, endogene manifeste Variablen vermittelnder Art sind die Konstrukte zu den familialen und personalen Ressourcen. Als genuin endogene Variablen werden die Wertvorstellungen der Jugendlichen in die Modelle aufgenommen.

Bei der Vorgehensweise wurden die theoretisch a priori postulierten Modelle zunächst für die Gesamtstichprobe, differenziert nach Mütter/ Jugendliche und Väter/ Jugendliche, auf Gültigkeit überprüft, um dann zu testen, inwieweit sich Veränderungen in den Zusammenhängen zwischen Ost und West ergeben.

Zur Überprüfung, wie gut das theoretische Modell an die empirischen Daten angepaßt ist, werden die relative Menge an Varianz (Goodness of Fit Index), dem das Modell Rechnung trägt, letzteres auch unter Berücksichtigung der Freiheitsgrade (Adjusted Goodness of Fit Index), der chi²-Wert im Verhältnis zu den Freiheitsgraden berichtet.[6] Alle Modelle weisen einen GFI ≥ .97 und einen AGFI ≥ .91 auf und es werden nur standardisierte β/γ - Koeffizienten signifikanter Pfade berichtet.

Zu Abbildung 7 und 8: Die Auswirkungen ökonomischen und sozialen Drucks auf die Neigung zum Egozentrismus bei Jugendlichen werden insbesondere über familiale Ressourcen mediiert. Der ökonomische Druck und die Angst vor der Verschlechterung der individuellen Lebensqualität wirken sowohl auf die Einschätzung des familialen Zusammenhaltes als auch auf die depressive Gefühlslage der Mutter. Die väterliche Wahrnehmung der familialen Kohärenz wird von den Faktoren „Angst vor Gewalt und Überfremdung in der Gesellschaft", „Angst vor universellen Bedrohungen" und „Ökonomischer Druck" beeinflußt. Während bei der Mutter vor allem die Angst vor der Verschlechterung der individuellen Lebensqualität einen relativ stärkeren Einfluß ausübt, spielt bei den Vätern die Angst vor Gewalt und Überfremdung eine besondere Rolle. Allen makrosozialen Einflußfaktoren ist gemeinsam, daß sie bei beiden Elternteilen zu einer Verschlechterung des familialen Zusammenhalts beitragen und depressive Gefühlslagen tendenziell verstärken. Zwar erweisen sich die γ - Koeffizienten für die einzelnen Pfade als nicht sehr hoch, jedoch wird deutlich, daß gerade das Empfinden des Familienzusammenhalts einem doppelten Einfluß wahrgenommener makrosozialer Einflüsse ausgesetzt ist. Zunächst direkt durch die Variablen des ökonomischen und sozialen Drucks, aber auch vermittelt über die Befindlichkeit der Eltern.

Betrachtet man den Transfer elterlicher zu jugendlicher Einschätzungen der Familiensituation, so zeigen sowohl Väter als auch Mütter deutliche Einflüsse. Diese sind zwischen Müttern und Jugendlichen etwas

---

[6] BACKHAUS et al. (1994) beziffern für den GFI = .95, bzw. für den AGFI=.85 als Grenzwerte, bei kovarianzbasierten Modellen ist ein nicht signifikanter, in Relation zu den Freiheitsgraden möglichst geringer chi²-Wert zu erzielen. Einzelne Pfade gelten dann als signifikant verschieden von 0, wenn der t-Wert absolut größer als 2 ist.

stärker ausgeprägt. Wie sich zeigt, stehen die berichteten personalen Ressourcen (hier die von den Jugendlichen berichtete innere Ausgeglichenheit) in Zusammenhang zu den familialen Ressourcen und werden von diesen positiv beeinflußt.

Die familiale Interaktion mit der Mutter hat dabei offensichtlich zur Folge, daß hier ein größerer Anteil der auftretenden Varianz bei der „Inneren Ausgeglichenheit" aufgeklärt wird, als dies im Austauschprozeß mit dem Vater der Fall ist. Dementsprechend kann das Empfinden eines familialen Zusammenhalts bei der Vater/Jugendlicher-Analyse tendenziell schwächer einer mangelnden Normakzeptanz entgegenwirken, da hier sowohl direkt als auch über die Ausgeglichenheit geringere β - Koeffizienten identifiziert werden. Insgesamt scheinen die Mütter engere Beziehungen zu den Jugendlichen aufzuweisen. Innerhalb des Modells weisen die Pfadkoeffizienten darauf hin, daß die Schnittstellen vom ökonomischen und sozialen Druck zu den familialen Ressourcen einerseits und von diesen zu den personalen Ressourcen und Wertvorstellungen der Jugendlichen andererseits, weniger bedingende Zusammenhänge aufweisen, als dies innerhalb der Familie der Fall ist.

Zusammenfassend läßt sich sagen, daß Wahrnehmungen makrosozialer Veränderungen das Befinden der Eltern und den Familienzusammenhalt tendenziell beeinträchtigen und mit einer graduellen Verschlechterung der Familienbeziehungen die innere Ausgeglichenheit und die Normakzeptanz seitens der Jugendlichen abnimmt. Umgekehrt bedeutet dies, daß die Jugendlichen unter Rückgriff auf personale und familiale Ressourcen in die Lage versetzt werden, die Folgen eines wahrgenommenen makrosozialen Drucks zu relativieren, so daß sie dennoch die Sinnhaftigkeit gesellschaftlicher Normierungen anerkennen.

Zu Abbildung 9 und 10: Bei der Analyse zur Beeinflussung nationalistischer Grundeinstellungen zeigt sich, daß der Einfluß der exogenen Variablen auf die familialen Ressourcen keinen Veränderungen unterliegt.

Hier sind es bei den Müttern wieder der „ökonomische Druck" und die „Angst vor der Verschlechterung der individuellen Lebensqualität", und beim Vater zusätzlich die „Angst vor Gewalt und Überfremdung", die in gleicher Qualität wie in den vorangegangenen Modellen das Befinden und die familiale Kohärenz beeinflussen. Auch innerhalb der Familie weisen die Beziehungen die gleichen Ausprägungen wie in den Analysen zur Normakzeptanz auf. Hier zeichnet sich ein Grundmodell ab, das sich bei den Auswirkungen auf die unterschiedlichen Wertvorstellungen als stabil erweist. Gemäß der Logik, wonach in Strukturgleichungen, die dem LIS-REL-Ansatz zugrunde liegen, die aufgeklärte Varianz der zu erklärenden Variablen durch den Einfluß mittelbarer und unmittelbarer Indikatoren berücksichtigt wird, liegt die Schlußfolgerung nahe, daß genuin die jugendliche Einschätzung des familialen Zusammenhalts verantwortlich ist für die sich verändernden Effekte bezüglich der personalen Ressourcen sowie der Wertvorstellungen. Hierfür spricht insbesondere, daß die familialen Einschätzungen der Eltern in den Modellen keine direkten Effekte bezüglich der abhängigen Variablen aufweisen. Die nationalistische Grundeinstellung der Jugendlichen wird, im Unterschied zum Egozentrismus direkt nur über die von den Jugendlichen berichtete Ärgerbereitschaft beeinflußt, nicht aber von der Einschätzung des familialen Zusammenhalts. Diese wirkt nur indirekt, indem sie in einer positiven Ausprägung zu einer sinkenden Ärgerbereitschaft beiträgt. Jugendliche, die sich selbst eine eher geringe Ärgerbereitschaft zuschreiben, stimmen nationalistischen bis ausländerfeindlichen Aussagen in geringerem Maße zu.

Eine Besonderheit dieser beiden Modelle ist in dem direkten Einfluß des von den Eltern wahrgenommenen sozialen Drucks auf die nationalistische Grundeinstellung der Jugendlichen zu sehen. Hat der Vater vermehrt Angst vor Gewalt und Überfremdung, so trägt dies bei den Jugendlichen dazu bei, daß sie eher eine nationalistische Grundeinstellung einnehmen. Gleiches gilt, in ausgeprägterer Form, für die Ängste der Mütter, die eigene Lebenssituation könne sich verschlechtern. Die Kommunikation solcher

Ängste innerhalb der Familie trägt demnach auch dazu bei, daß die Jugendlichen sich in ihren Wertvorstellungen tendenziell nationalistisch orientieren.

Zu Abbildung 11 und 12: Auch bei dem Konstrukt „Neigung zu Egozentrismus" als endogene Variable und unter Einbezug der „Selbstsicherheit" als personale Ressource erweisen sich die Pfade von den exogenen Variablen zu den familialen Ressourcen als gleichbleibend stabil. Lediglich beim Datensatz Väter/ Jugendliche ergibt sich ein neuer signifikanter Pfad von den universellen Bedrohungen zum Egozentrismus der Jugendlichen. Dieser ist vergleichsweise hoch ausgeprägt und stellt analog zum vorangegangenen Modell eine direkte Verbindung zwischen sozialen Druckwahrnehmungen des Vaters zu Wertvorstellungen der Jugendlichen her.

Die Neigung der Jugendlichen zu Egozentrismus ist in diesen Modellen zudem einem doppelten Effekt ausgesetzt. Trägt eine stärker ausgeprägte Selbstsicherheit tendenziell zu egozentrischen Vorstellungen bei, so ist es auf der anderen Seite die Wahrnehmung der familialen Kohärenz, die solchen Tendenzen, wenn auch etwas geringer, entgegenwirkt. Dieses Ergebnis erklärt sich vermutlich aus zwei Sachverhalten heraus. Zum einen ist anzunehmen, daß die beiden Variablen „Selbstsicherheit" und „Einschätzung des familialen Zusammenhalts" unterschiedliche Anteile der bei der „Neigung zum Egozentrismus" auftretenden Varianz erklären, zum anderen zeigt sich in den nach Ost und West unterschiedenen Analysen, daß sich der Pfad vom familialen Zusammenhalt zum Egozentrismus ungleich stärker aus der Stichprobe der Westjugendlichen erklärt und es auf der anderen Seite die Jugendlichen aus dem Osten sind, die bei der Ausbildung von Wertvorstellungen eher auf personale denn familiale Ressourcen zurückgreifen (s. u.). Des weiteren wird hiermit ein Ergebnis bestätigt, das bereits in früheren Analysen auffiel: Eine Befindlichkeit, die von einer hohen Kontrollüberzeugung gekennzeichnet ist und über ein hohes Maß an Selbstsicherheit verfügt, trägt offenbar im Jugendalter auch dazu bei, gegen bestehende Regeln zu rebellieren und von Eltern oder Gesellschaft postulierte Prinzipien abzulehnen (vgl. MERKENS/ STEINER/ WENZKE 1998, BUTZ 1998).

Für die Frage nach den Auswirkungen auf Seiten der Eltern wahrgenommener gesellschaftlicher Bedrohungen auf die Ausbildung anomischer Wertvorstellungen der Jugendlichen läßt sich zusammenfassend konstatieren, daß signifikante, allerdings allein aufgrund der Stichprobenzusammensetzung gering erwartbare, Zusammenhänge zwischen wahrgenommenen Bedrohungen und dem Erleben des familialen Zusammenhalts sowie der Befindlichkeit der Eltern bestehen, die, vermittelt über die subjektive Sichtweise der Jugendlichen egozentrischen Wertvorstellungen entgegenwirken können. Bei den personalen Ressourcen erweist sich eine zu stark ausgeprägte Selbstsicherheit, die im Sinne einer jugendlichen Protesthaltung wirkt, als problematisch.

Abbildung 13 bis 18 stellen die Ergebnisse der bislang durchgeführten Analysen für Ost und West getrennt dar.

Die Zusammenhänge des *ökonomischen Drucks* zur Genese anomischer Wertvorstellungen sind (in Ost und West) entsprechend der Ergebnisse von CONGER et al. (1992, 1994) nur mittelbarer Natur. Der ökonomische Druck zeigt ausschließlich Verbindungen zur wahrgenommenen Familienkohärenz und wirkt somit als Belastungsfaktor auf die den Jugendlichen zur Verfügung stehenden sozialen Ressourcen. In den Weststichproben lassen sich diese Aussagen weitestgehend auch für den *sozialen Druck* aufrechterhalten, hier liegt jedoch ein Unterschied zu den im Osten erhaltenen Ergebnissen. Es finden sich dort verstärkt direkte Pfade zwischen einem von den Eltern wahrgenommenen sozialen Druck und der Ausbildung anomischer Wertvorstellungen (hier insbesondere hinsichtlich einer nationalistischen Grundeinstellung). Dies steht Elders Aussagen zum *ökonomischen Druck* entgegen, der davon ausgeht, daß die Entwicklung von Kindern und Jugendlichen indirekt über eine Verschlechterung des Familienklimas beeinflußt wird. Im Gegenteil läßt sich für die Oststichproben der Väter sogar feststellen, daß der soziale Druck (dies vor allem in Anbetracht der Tatsache, daß er dort absolut gesehen höher ist) weniger Einfluß auf die Beurteilung der Familienkohärenz hat, als in den Weststichproben. Bei den Vätern im Osten ergeben sich nahezu ausschließlich Zusammenhänge zwischen einem *ökonomischen Druck* und der Beurteilung familialer Qualität.

In den West-Stichproben scheint die Genese anomischer Wertvorstellungen damit in stärkerem Maße durch die familiale Qualität bestimmt. Dies ergibt sich auch aus einem weiteren Zusammenhang heraus. Es lassen sich verstärkt Tendenzen dahingehend erkennen, daß personale Ressourcen (bzw. Belastungsfaktoren) in den Weststichproben tendenziell eine geringere Bedeutung zukommt als im Osten. Deutlich wird dies vor allem in Abbildung 12 und 13. Während in den Oststichproben die Einschätzung des familialen Zusammenhaltes lediglich vermittelt über die innere Ausgeglichenheit auf eine mangelnde Normakzeptanz wirkt, existiert im Westen ausschließlich ein direkter Pfad von den familialen Ressourcen.

Die für Ost und West getrennt berechneten Analysen müssen in ihrer Interpretation nochmals nach Vätern und Müttern unterschieden werden. Wie oben bereits festgestellt, lassen sich für die Väter im Osten überraschenderweise keine Pfade identifizieren, die Vorhersagen ermöglichen von einem wahrgenommenen *sozialen Druck* (im Sinne einer Angst vor Gewalt und Überfremdung in der Gesellschaft) auf eine schlechter werdende Familienbeurteilung oder Stimmungslage. Hier existiert also absolut betrachtet ein vergleichsweise hoher *sozialer Druck*, der auch innerhalb der Familie artikuliert wird (dies ergibt sich z.B. aus der Tatsache, daß eine nationalistische Grundeinstellung Jugendlicher direkt daraus resultiert), aber im Gegensatz zum Westen wirkt sich dies nicht negativ auf die Beurteilung des familialen Zusammenlebens oder die eigene Gefühlslage aus. Es läßt sich bei dieser Substichprobe jedoch durchgängig eine Beeinflussung des *ökonomischen Drucks* auf den familialen Zusammenhalt nachweisen, der wiederum bei den Vätern im Westen so nicht existiert.

Betrachtet man den Erfahrungshorizont dieser Väter hinsichtlich makrosozialer Veränderungen seit der Wende, so wird deutlich, daß die Frage nach einer ökonomischen Sicherheit im Vergleich zu den alten Bundesländern ungleich größere Relevanz besitzt. Zwar wird auch in den alten Bundesländern die ökonomische Situation zunehmend thematisiert, jedoch liegt hier in den neuen Bundesländern ein Umbruch stärkeren Ausmaßes vor, der, wie die Analysen deutlich werden lassen, stärker in das Alltagsleben hineinwirkt. Zusätzlich läßt sich annehmen, daß der ökonomische Druck aufgrund des unmittelbaren Vergleiches mit Bezugsgruppen wie Freunde, Nachbarschaft etc. eher zu Unstimmigkeiten in der Familie beiträgt als Ängste vor Gewalt und Überfremdung in der Gesellschaft, deren ursächliche Bewältigung kaum auf individuellen Leistungen basiert. Hier kann im Ostteil des Landes im Gegenteil eher ein kollektives Verlusterlebnis vermutet werden. Daß dieses vermutlich stärker als im Westen auch innerhalb der Familie erörtert wird und hier offensichtlich eine externe Ursachen- und Schuldzuschreibung erfolgt (die die Familienqualität an sich *nicht* beeinflußt), ergibt sich aus der Tatsache, daß solche vom Vater geschilderten Ängste im Osten unmittelbare Auswirkungen auf jugendlichen Nationalismus zeigen.

Damit scheinen sozialem und ökonomischem Druck bei den Vätern in Ost und West unterschiedliche Bedeutungen zuzukommen. Bei den Vätern im Westen ist es gleichbleibend stabil die Angst vor Gewalt und Überfremdung, die Auswirkungen sowohl auf die Befindlichkeit des Vaters als auch auf dessen Erleben der familialen Kohärenz hat. Dieser systematische Unterschied zur Oststichprobe macht deutlich, daß ökonomische Belastungen im Westen für die Väter weniger virulent sind. Dies kann aus einer langjährigen Erfahrung mit dem herrschenden Wirtschafts- und Sozialsystem erklärt werden. Dagegen scheinen soziale Ängste im Westen verstärkt eine Belastungssituation der Väter zu erzeugen, die sich sowohl auf deren depressive Verstimmung als auch auf die Beurteilung der Familienqualität auswirkt. Diese Unterschiede zwischen Ost und West lassen verschiedene Interpretation zu. Zum einen ist denkbar, daß soziale Ängste den ökonomischen nachgeordnet sind, das heißt, sie kommen in ihren Auswirkungen erst zum Tragen, wenn nicht bereits ein ökonomischer Druck die Familiensituation belastet. Andererseits wäre auch denkbar, daß makrosoziale Ängste im Osten eher kollektiv verarbeitet werden (z.B. über eine späte Identifikation mit der DDR), eine Möglichkeit, die im Westen so nicht existiert, und daß eine solche Form der Verarbeitung eine stärkere Belastung des Mikrosystems Familie abwendet.

Die Mütter in Ost und West sind sich bezüglich des Einflusses von ökonomischen und sozialen Druck ähnlicher als die Väter. Ein Einfluß des *ökonomischen Drucks* auf die Beurteilung der Familienkohärenz ist in Ost wie West durchgängig zu finden. Die Mütter im Westen empfinden damit im Gegensatz zu den Vätern durchaus eine Belastung, die aus einem ökonomischen Druck resultiert, die aber gleichzeitig nicht ihre Gefühlslage beeinflußt. Die Vermutung liegt nahe, daß die Frauen in der Familie, die in der Regel auch das gemeinsame Haushaltseinkommen im Alltag verwalten, früher als die Männer registrieren, wenn gespart werden muß oder Anschaffungen zurückgestellt werden. Dies führt möglicherweise auch zu Streitfragen über finanzielle Ausgaben in der Familie, die dazu führen, daß Mütter den familialen Zusammenhalt mit zunehmenden ökonomischen Druck schlechter beurteilen.

Es läßt sich weiter feststellen, daß bei den Frauen in unserer Stichprobe soziale Ängste im Vordergrund stehen, die mögliche individuelle Verluste thematisieren. Nicht die Angst vor Gewalt und Überfremdung, sondern die Angst vor der Verschlechterung der individuellen Lebensqualität ist im Sinne eines wahrgenommenen sozialen Drucks ausschlaggebend. Diese Angst beeinflußt in beiden Substichproben die depressive Gefühlslage der Mütter. Während finanzielle Sorgen das Familienklima beeinträchtigen, sind es die sozialen Ängste, welche die Befindlichkeit der

Frauen verschlechtert. Die Einschätzung des familialen Zusammenhaltes wird im Westen ausschließlich indirekt (nämlich über die Gefühlslage vermittelt) von sozialen Ängsten beeinflußt. Im Osten dagegen, also in jener Stichprobe, in der die Angst der Mütter vor Verschlechterung der individuellen Lebensqualität weitaus verbreiteter ist, existiert tendenziell auch ein direkter Zusammenhang. Die Angst vor Sozialabbau, eigener Arbeitslosigkeit, der Verteuerung des Lebens etc. schlägt sich hier auch direkt auf die Einschätzung der Familienkohärenz nieder. Darüber hinaus beeinflußt der soziale Druck bei den Müttern im Osten (analog zu den Vätern dieser Stichprobe) erneut die Ausbildung nationalistischer Grundeinstellungen direkt. Diese Ängste vor Verlust der individuellen Lebensqualität werden offensichtlich innerhalb der Familie thematisiert und führen bei einer hohen Ausprägung der Mutter nicht nur indirekt über die Familienqualität vermittelt, sondern auch sehr direkt (und hinsichtlich der Höhe des Zusammenhangs deutlich) zu nationalistischen und ausländerfeindlichen Einstellungen bei Jugendlichen. Auch hier erfolgt offensichtlich eine Reaktion auf einen hohen sozialen Druck, indem bei Jugendlichen Ursachen außerhalb der eigenen Familie gesucht werden und Schuldzuschreibungen erfolgen.

Die innerfamilialen Zusammenhänge bleiben bei einem Ost/West-Vergleich im Sinne des Gesamtmodells stabil. Bei beiden Elternteilen beeinflußt eine depressive Gefühlslage in starkem Maße die Einschätzung des familialen Zusammenhaltes, der wiederum deutliche Einwirkungen auf die jugendliche Beurteilung der Familienkohärenz besitzt. Auffällig ist, daß im Osten die Höhe des Zusammenhangs zwischen Vätern/ Jugendlichen und Müttern Jugendlichen gleich stark ausgeprägt ist, hier haben die Jugendlichen keine deutlich höhere Verbindung zur Mutter. Im Westen dagegen ist der Zusammenhang zur Mutter nicht nur erheblich ausgeprägter als im Osten, sondern auch deutlich höher als in der Stichprobe Väter/ Jugendliche/ West. Diese Differenzen sind vermutlich auf die in der Stichprobenbeschreibung dargelegten Unterschiede hinsichtlich der Tätigkeitsbereiche der Mütter in Ost und West zurückzuführen. Vermutlich erfolgt ein verstärkter innerfamilialer Austausch zwischen Jugendlichen und Müttern, die tagsüber als Hausfrauen zu Hause sind.

Eine übergreifende Beschreibung der Modelle bezüglich des Einflusses familialer und personaler Ressourcen auf die endogenen Variablen stellt sich, da sowohl die personalen Ressourcen, als auch die Indizes zu den Wertvorstellungen wechseln, schwierig dar. Wie oben bereits beschrieben, lassen sich allerdings Tendenzen dahingehend erkennen, daß im Westen die Ausprägung anomischer Wertvorstellungen verstärkt über die wahrgenommene familiale Qualität erfolgt, während sich im Osten eher Pfade über und von den personalen Ressourcen ergeben. Eine weitere deutliche Differenz, die ebenfalls bereits aufgeführt wurde, ist die insbesondere im Osten auftretende Tendenz einer direkten Beeinflussung der Wertvorstellungen Jugendlicher durch soziale Ängste der Eltern.

7 Zusammenfassung und Diskussion

Analog zu den in Kapitel 1.5 formulierten Hypothesen läßt sich feststellen, daß die soziale Situation in der BRD durch die Wahrnehmung eines sozialen Drucks gekennzeichnet ist. Dieser soziale Druck ist im Osten deutlich stärker verbreitet als im Westen (vgl. Kapitel 1.3). Nach unserer Auffassung entsteht sozialer Druck aufgrund potentieller oder realer Verlusterlebnisse, die mit Zukunftsängsten einhergehen. Hier zeigen sich deutliche Geschlechtsdifferenzen zwischen Müttern und Vätern. Während (in ihren Auswirkungen) bei Vätern Ängste im Vordergrund stehen, deren Natur eher allgemeingültig ist (Kriminalität, politischer Extremismus, Einwanderung von Ausländern etc.) sind es bei den Frauen Ängste, deren Konnotation sehr viel individueller ist (Angst vor eigener Arbeitslosigkeit, vor Verteuerung des Lebens, vor fehlender Alterssicherung, persönlicher Notlage etc.). Obgleich die vorliegende Stichprobe als auffallend saturiert bezeichnet werden kann, lassen sich dennoch auch Tendenzen eines wahrgenommenen ökonomischen Drucks erkennen. Diesbezüglich lassen sich keine Ost-/ Westdifferenzen feststellen. Sowohl die Beurteilung des sozialen als auch des ökonomischen Drucks hat sich in den Jahren nach der Wiedervereinigung deutlich verschärft. Insgesamt kann damit die H_1 als bestätigt angesehen werden.

Die H_2 ist in ihrer globalen Aussage ebenfalls zutreffend, kann aber in Anlehnung an Hypothese 5 weiter differenziert werden: Ein hoher wahrgenommener sozialer wie ökonomischer Druck wirkt sich negativ auf die Beurteilung der familialen Qualität von Vätern wie auch Müttern aus. Zusätzlich wird auch die Befindlichkeit der Eltern von einem wahrgenommenen ökonomischen und sozialen Druck beeinflußt. Darüber hinaus wird hier insbesondere jedoch die interne Variation der Ost- und Weststichproben (in bezug auf Väter und Mütter) deutlich, gleichzeitig können auch Differenzen zwischen Ost und West deutlich gemacht werden. Zusammengefaßt werden diese in Tabelle 43 aufgeführt.

Tabelle 43: **Differenzen zwischen den Elternteilen in Ost und West**

	Mütter	Väter
Ost	• Einfluß des ökonomischen Drucks auf die Beurteilung der Familienkohärenz • Einfluß der Angst vor Verschlechterung der individuellen Lebensqualität auf die depressive Gefühlslage • Einfluß der Angst vor Verschlechterung der individuellen Lebensqualität auf die Beurteilung der Familienkohärenz	• Einfluß des ökonomischen Drucks auf die Beurteilung der Familienkohärenz • (Einfluß der Angst vor universellen Bedrohungen auf die Beurteilung der Familienkohärenz)
West	• Einfluß des ökonomischen Drucks auf die Beurteilung der Familienkohärenz • Einfluß der Angst vor Verschlechterung der individuellen Lebensqualität auf die depressive Gefühlslage	• Einfluß der Angst vor Gewalt und Überfremdung in der Gesellschaft auf die Beurteilung der Familienkohärenz • Einfluß der Angst vor Gewalt und Überfremdung in der Gesellschaft auf die depressive Gefühlslage

Damit kann auch die fünfte Hypothese als bestätigt angesehen werden. Die unterschiedliche Ausprägung und Art der Einflußnahme sozialen wie ökonomischen Drucks in Ost und West führt jedoch nicht dazu, daß die Familienvariablen in den Substichproben unterschiedlich gut eingeschätzt werden. Sowohl die depressive Gefühlslage der Eltern als auch deren Beurteilung der Familienkohärenz fallen in Ost und West ähnlich (positiv) aus. In Ergänzung zu Hypothese 2 kann jedoch auch festgestellt werden, daß die Annahme von ELDER (1990), ein wahrgenommener *ökonomischer Druck* wirke sich indirekt über die Familie vermittelt auf die Entwicklung von Kindern und Jugendlichen aus, für den *sozialen Druck* im Osten in bezug auf anomische Wertvorstellungen so nicht aufrechterhalten werden kann. Insbesondere die nationalistischen Grundeinstellungen Jugendlicher werden hier sehr direkt von den unterschiedlichen sozialen Ängsten der Eltern beeinflußt.

Hinsichtlich protektiver Faktoren, die die festgestellten Auswirkungen ökonomischen und sozialen Drucks auf Wertvorstellungen der Jugendlichen zu mediieren vermögen, konnte aufgezeigt werden, daß gerade bezüglich der familialen Ressourcen das elterliche Kohärenzempfinden starke Vorhersagekraft für die Einschätzung der Jugendlichen besitzt. Von besonderem Interesse ist hier der Umstand, daß Jugendliche, die tendenziell einen höheren familialen Zusammenhalt berichten und dementsprechend in einer Selbsteinschätzung über hohe soziale (familiale) Ressourcen verfügen, anomischen Wertvorstellungen weniger zustimmen können. Differenzen zwischen Ost und West bestehen im Unterschied des Zusammenhangs bei Müttern und Vätern. Während im Osten keine Differenzen in der Höhe des Einflusses auf die Einschätzung der Jugendlichen zwischen Vätern und Müttern bestehen, fällt im Westen die Verbindung zwischen Müttern und Jugendlichen enger aus als zwischen Vätern und Jugendlichen.

Zusätzlich finden sich im Wechselspiel zu den personalen Ressourcen Variationen zwischen den Substichproben. Während die familialen Ressourcen im Westen auf die Normakzeptanz und die Neigung zum Egozentrismus direkten mediierenden Einfluß ausüben, finden sich hier in den Oststichproben Wirkzusammenhänge, die den personalen Ressourcen besondere Bedeutung zukommen lassen. Lediglich bei nationalistischen Vorstellungen vermögen familiale Ressourcen weder im Osten noch im Westen direkten Einfluß auszuüben. Hier bildet eine geringe Ärgerbereitschaft jenen protektiven Faktor ab, der solchen Einstellungen entgegenzuwirken vermag. Durchgängig läßt sich sagen, daß sowohl in Ost als auch in West die in Abhängigkeit von der elterlichen Einschätzung mobilisierbaren familialen Ressourcen der Jugendlichen einen zum Teil beträchtlichen Einfluß auf die personalen Ressourcen ausüben. Jedoch muß einschränkend formuliert werden, daß hier gerade für die Jugendlichen im Osten ein problematischer Aspekt hinsichtlich der Selbstsicherheit identifiziert wurde: Gute familiale Ressourcen führen zumeist zu einer verstärkten Ausprägung der Selbstsicherheit, die ihrerseits, wenn auch als relativ schwacher Prädiktor, eher eine Neigung zu Egozentrismus erwarten läßt.

Zusammenfassend können die in Abbildung 1 (vgl. Kap. 1.5) dargestellten Zusammenhänge als bestätigt angesehen werden. Die Wahrnehmungen ökonomischen und sozialen Drucks, wie sie von den hier befragten Eltern berichtet wurden, zeigten, trotz der geringen Variation der Stichprobe bezüglich der wirtschaftlichen Ausstattung der Haushalte, signifikante Auswirkungen auf die familialen Ressourcen. Auffallend ist, daß sich die Zusammenhänge zwischen makrosozialen Variablen und Familiendaten als stabiles Modell erwiesen, die einen systematischen Einfluß von subjektiven Wahrnehmungen makrosozialer Bedingungen nachweisen.

Die unterschiedlichen von den Jugendlichen berichteten Wertvorstellungen zeigten sich beeinflußt sowohl von der Qualität des familialen Zusammenhalts, als auch von den mit den Konstrukten „Ärgerbereitschaft", „Selbstsicherheit" und „Innere Ausgeglichenheit" gemessenen personalen Ressourcen. Je nach zugrundeliegender Substichprobe wiesen die Ergebnisse Variationen bezüglich der Zusammenhänge von personalen und familialen Ressourcen auf, die in einem Wechselspiel anomischen Wertvorstellungen zumeist entgegenwirken.

Ergänzend zu bisherigen Forschungsergebnissen konnte über das zugrundeliegende Modell hinaus zusätzlich ein direkter Einfluß sozialer Druckvariablen auf die Wertvorstellungen der Jugendlichen nachgewiesen werden, Zusammenhänge, die in ihrer Höhe gerade deshalb besondere Bedeutung gewinnen, da sie sich offensichtlich protektiven Faktoren entziehen. Die gerade von den Vätern kommunizierten sozialen Ängste lassen anomische Werthaltungen der Jugendlichen wahrscheinlicher werden, ohne dabei von familialen oder personalen Ressourcen mediiert zu werden. Daß diese Zusammenhänge gerade in der Oststichprobe besondere Ausprägung zeigen, läßt der Frage besondere Bedeutung zukommen, ob nicht die Auswirkungen, die sich mit den politischen und gesellschaftlichen Veränderungen seit der Wende in den neuen Bundesländern ergaben, weithin unterschätzt werden.

Unter Rückbezug auf die im Antrag formulierten Hypothesen läßt sich abschließend feststellen, daß die in bezug auf den Längsschnitt aufgestellten Annahmen in diesem Rahmen nicht zu überprüfen waren, da die Stichprobe hinsichtlich der einzelnen Altersgruppen keinen hinreichenden Umfang aufwies. Auch die Herausarbeitung einzelner Familienmilieus gestaltete sich aufgrund der homogenen Zusammensetzung der Stichprobe schwierig, unterschiedliche Typen von Familienbildern konnten jedoch im Ansatz bei REINDERS (1998) nachgewiesen werden.

Die ursprünglichen Hypothesen wurden daher modifiziert aber auch in differenzierterer Weise überprüft. Insgesamt kann die hier durchgeführte Analyse in ihrer Vorgehensweise und den Ergebnissen als erfolgreich hinsichtlich der Identifikation tatsächlicher Auswirkungen makrosozialer Ängste und Einschränkungen auf Wertvorstellungen Jugendlicher bezeichnet werden.

Daß trotz der Stichprobenzusammensetzung solche Syndrome aufgezeigt werden konnten, spricht für die Virulenz, die soziale Wandlungsprozesse für das Individuum besitzen, da anzunehmen ist, daß mit einer größeren Varianz in der Stichprobe deutlichere Auswirkungen feststellbar sind. Insgesamt beinhalten die hier vorgestellten Kausalmodelle Reduktionen auf drei Ebenen:

1. Die im Rahmen des theoretischen Konzepts des Risikomodells angesiedelten sozialen Ressourcen, die als protektive Faktoren hinsichtlich jugendlicher Entwicklung angesehen werden, wurden bislang ausschließlich durch familiale Ressourcen operationalisiert.

2. Die Ausbildung von Wertvorstellungen ist eine wesentliche Entwicklungsaufgabe im Jugendalter. Die aus dieser Tatsache erfolgte Fokussierung läßt allerdings weitere abhängige Variablen ins Zentrum des Interesses rücken. Je nach Blickrichtung des disziplinären Erkenntnisinteresses bedarf es einer genaueren Betrachtung von bspw. jugendlichem Problemverhalten, Bewältigungsstrategien oder dem Wohlbefinden Heranwachsender.

3. Den Modellen liegt zunächst ein Konzept von Jugend zugrunde, das nach Auswirkungen makrosozialer Bedingungen fragt und das Subjekt tendenziell als Rezipienten dieser Auswirkungen begreift. Reziproke Aspekte der Individuum-Umwelt-Interaktion müssen darüber hinaus weitere aktiv zu treffende Wahlmöglichkeiten einbeziehen, die den Jugendlichen zur Verfügung stehen.

Das folgende Kapitel soll unter Einbezug der oben genannten Kritikpunkte einen Ausblick auf weitere Forschungsvorhaben geben. Als Grundlage dient das von BACHER (1997) vorgeschlagene Modell zum Zusammenhang makrosozialer Bedingungen und dem Wohlbefinden Jugendlicher.

8 Ausblick: Familie, Peers und personale Ressourcen als Mediatoren zwischen ökonomischem Streß und dem Wohlbefinden Jugendlicher

Die bisherigen Befunde konnten deutlich machen, daß sich die Wahrnehmung ökonomischen Drucks seitens der Eltern auf Wertvorstellungen Jugendlicher, mediiert über den familialen Zusammenhalt, auswirken. Im folgenden steht im Zentrum des Interesses, welche möglichen Zusammenhänge sich zwischen berichteter ökonomischer Belastung der Eltern und dem Wohlbefinden Jugendlicher identifizieren lassen. Insbesondere stellt sich die Frage nach mediierenden Einflüssen und deren Qualität, die potentielle Auswirkungen einer solchen Belastung beeinflussen.

8.1 Theoretische Vorüberlegungen

Die Relevanz der Ausgangsfrage ergibt sich, wenn man Konzeptionen der psychologischen und soziologischen Streßforschung betrachtet, wonach für die Lebensqualität und das subjektive Wohlbefinden des Individuums sowohl als bedeutsam erlebte einmalige Lebensereignisse als auch überdauernde und alltägliche Lebensbedingungen entscheidend sind (vgl. LAZARUS/ FOLKMANN 1987). Gerade die Konstanz von belastenden Umweltbedingungen - im wesentlichen bestimmt durch eine negative Person-Umwelt-Beziehung, deren subjektiven Bewertung und begleitende, emotionale Reaktionen - kann, werden diese nicht bewältigt oder als nicht bewältigbar angesehen, dauerhaften negativen Einfluß auf das subjektive Wohlbefinden ausüben. MANSEL (1995) weist darauf hin, daß gerade die Antizipation der sich selbst zugeschriebenen Bewältigungskompetenz einerseits und der Bewertung von Unterstützung aus dem sozialen Nahraum andererseits, zu einer Neubewertung der Situation führen (vgl. dazu auch

OLBRICH 1984). Eine solche Konzeption von Streßbewältigung sieht das Individuum nicht als reaktiv handelnden Rezipienten sozialer Wandlungsprozesse an, sondern schreibt ihm vielmehr die Kompetenz zu, unter Rückgriff personaler und Umweltressourcen Situationen neu zu definieren. Weiterführende Konzepte verstehen das Individuum als Produzenten seiner eigenen Entwicklung (LERNER 1984) bzw. als ein die Realität aktiv verarbeitendes Subjekt (HURRELMANN 1994). Neueren Untersuchungen und Theorieansätzen liegt vermehrt die Idee zugrunde, daß aktive Aneignungsprozesse - sei es von personalen oder sozialen Ressourcen - es dem Individuum ermöglichen, gestellte Problemlagen eher zu bewältigen und so zu einem positiveren Wohlbefinden beizutragen. (BÖHNISCH/ MÜNCHMEIER 1990; BACHER/ BEHAM/ WILK 1996; BACHER 1997).

8.2 Das Konzept des ökonomischen Stresses

Die Auffassungen darüber, wie sich ökonomischer Druck operationalisieren ließe, variieren gerade in der Kindheits- und Jugendforschung erheblich (vgl. Kap. 1.4). BACHER (1997) schlägt eine Konzeptionierung von ökonomischen Einflußvariablen vor, die der Aufteilung nach ökonomischer Lage, ökonomischer Deprivation und, daraus resultierend, ökonomischem Streß folgt. Die Zusammenhänge zwischen den einzelnen Komponenten werden in Abbildung 7 deutlich gemacht.

Abbildung 7:   **Bedingungsfaktoren von ökonomischem Streß**

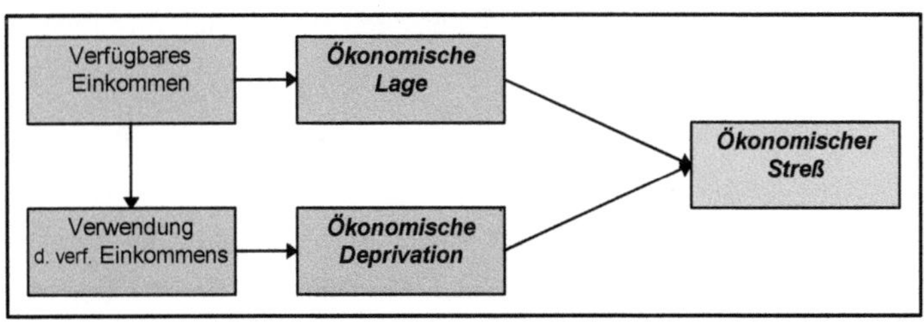

Danach bestimmt das verfügbare Einkommen die ökonomische Lage und hat in gewissem Grad Einfluß darauf, wie das verfügbare Einkommen verwendet werden kann. Eine ökonomische Deprivation ergibt sich, wenn das verfügbare Einkommen nicht ausreicht, d.h. wenn eine freie Wahl über dessen Verwendung letztendlich nicht mehr gegeben ist. In Anlehnung an BACHER läßt sich anhand der Deprivation und der ökonomischen Lage der Grad des ökonomischen Stresses bestimmen.

Als weitere Einflüsse für das subjektive Empfinden ökonomischen Stresses nennt BACHER die Diskrepanz zwischen tatsächlichem und gewünschtem Einkommen bzw. tatsächlicher und gewünschter Konsumtion. Da diese Variablen im Rahmen der vorliegenden Untersuchungen nicht erhoben wurden, soll ökonomischer Streß im folgenden als Zusammenspiel zwischen dem verfügbaren Einkommen und dessen Verwendung verstanden werden.

Betrachtet man die bisher verwendete Skala zum ökonomischen Druck näher, so wird deutlich, daß hier in einer relativen Gewichtung nach der Verwendung des verfügbaren Einkommens gefragt wird. Es ist anzunehmen, daß Eltern, die berichten, regelmäßiges Sparen sei nicht möglich, bzw. ihre Ersparnisse aufbrauchen und auf der anderen Seite Anschaffungen zurückstellen müssen, sich in einer deprivierteren Position befinden als die Familien, deren Einkommen ausreichend ist und die in der Lage sind, regelmäßig zu sparen. Bei der ökonomischen Lage wurde gefragt, ob den Eltern nach Begleichung der Festkosten (Wohnkosten, Lebensmittel, notwendige Versicherungen, Kleidung etc.) noch Geld vom Haushaltseinkommen übrig bleibt. Es ist davon auszugehen, daß sich Familien, in denen nach Begleichung der Festkosten keine weiteren finanziellen Möglichkeiten vorhanden sind, in einer schlechteren ökonomischen Lage befinden als die Familien, in denen dies der Fall ist. Findet hier ein negatives Zusammenspiel von ökonomischer Lage und ökonomischer Deprivation statt, so erhöht sich der Streß, dem sich die Eltern in finanzieller Hinsicht ausgesetzt sehen.

8.3 Mediatoren ökonomischen Stresses

Für die Beziehungen zwischen ökonomischem Streß und Wohlbefinden von Kindern schlägt BACHER (1997, S. 61) ein Kausalmodell vor,
das er basierend auf einem interaktionistisch - ökologisch orientierten Modell zur Analyse der Auswirkungen von ökonomischen Belastungen ent-
worfen hat (Abbildung 8). Dieses Modell nimmt eine Vielzahl von Beziehungen zwischen den unterschiedlichen Ebenen an, ohne dabei die Qualität der Beziehungen zu spezifizieren.

Abbildung 8: **Kausalmodell zur Analyse der Auswirkungen von ö-
konomischem Streß nach BACHER 1997**

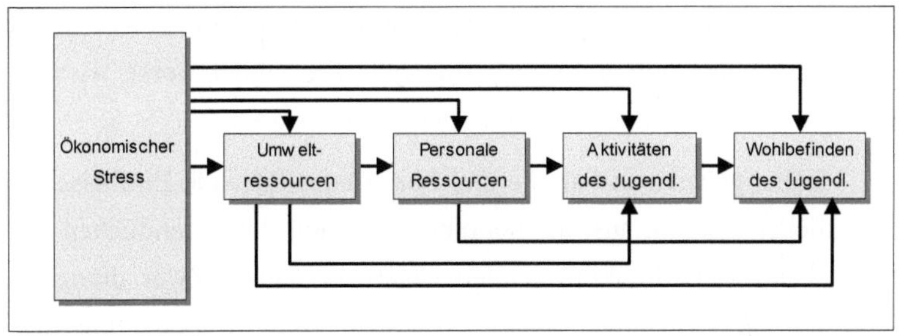

Für die Replikation des Modells wurde die Einflußvariable ökonomischer Belastung bereits durch das von BACHER vorgeschlagene Konstrukt des ökonomischen Stresses substituiert. Der von ihm vorgenommene
Einbezug kritischer Lebensereignisse als Stressor kann in dieser Analyse
jedoch nicht erfolgen, da hierüber keine Angaben der Befragten vorliegen.

Als eines der wichtigsten Bindeglieder zwischen sozio-
ökonomischen Veränderungen und Persönlichkeitsvariablen von Jugendlichen kann die Familie angesehen werden (ELDER/CASPI 1990; MEI-
ER/MÜLLER 1997). Dabei wird insbesondere diskutiert, in welcher Form

Familien auf einen zunehmenden makrosozialen Druck reagieren. Während ELDER in seinen Untersuchungen von Desorganisations- und Demoralisierungserscheinungen bei den Familien ausgeht, nehmen andere Untersuchungen zur Grundlage, daß in gesellschaftlichen Krisenzeiten eine verstärkte familiale Kohäsion auftritt (BERTRAM 1992; MEIER/ MÜLLER 1997). Für die Beschreibung der den Jugendlichen zur Verfügung stehenden familialen Ressourcen wird die bereits vorgestellte Skala zur familialen Kohärenz (ANTONOVSKY/ SAGY 1992) verwendet. In die Analyse gehen als weitere Umweltressource die Anzahl der Freunde ein, bzw. mit wem die Jugendlichen größtenteils ihre Freizeit verbringen.

OERTER/ DREHER (1995) weisen auf die wachsende Bedeutung der Gleichaltrigen als Bezugspersonen für die Schaffung von Freiräumen, das Lernen sozialer Verhaltensweisen sowie auf ihre Bindungs- und Unterstützungsfunktion bei der Bewältigung von Belastungssituationen hin. Die Bedeutung von Cliquen als unterstützende Freizeitnetzwerke wurde von REITZLE/ RIEMENSCHNEIDER (1996) bereits herausgestellt.

Dabei gehen von Familie und Peers unterstützende Einflüsse unterschiedlicher Qualität aus, die bei einem Großteil der Jugendlichen ergänzenden und nicht konkurrierenden Charakter haben. Zwar drängen die Gleichaltrigenbeziehungen mit zunehmendem Alter die Bedeutung der Eltern tendenziell zurück - gerade was die Erschließung neuer Erfahrungsräume angeht, gewinnen die Gleichaltrigen zunehmend an Bedeutung, wenn die elterliche Umgebung als ungeeignet für die Entfaltung der eigenen Bedürfnisse wahrgenommen wird - jedoch weist HURRELMANN (1994) auf den Umstand hin, daß die Doppelorientierung an beiden Sozialisationsinstanzen die heute eindeutig dominante Netzwerkformation im Jugendalter darstellt.

Für die Auseinandersetzungen mit Belastungssituationen seitens der Jugendlichen schlagen HOFER ET AL. (1995) als Ressourcen problemlösendes Verhalten, die aktuelle Stimmung sowie das allgemeine psychische

Wohlbefinden vor, MANSEL (1995) nimmt als relevante mediierende Variable die Kompetenz zur Bewältigung von Anforderungen an. Mit Hilfe des Modells von BACHER lassen sich diese Konstrukte in einen kausalen Zusammenhang bringen, wonach die Problembewältigungskompetenz sensu SCHWARZER (1986) als personale Ressource angesehen werden kann.

Die Aktivitäten des Jugendlichen sollen im folgenden nicht auf problemlösendes Verhalten hin spezifiziert werden, sondern als Form des Freizeitverhaltens in das Modell Eingang finden, welches eine Art Ventilwirkung für die Heranwachsenden besitzt. Hier wird eine Skala von ZINNECKER (1990) aufgegriffen, die nach „flippigem" Freizeitverhalten fragt.[7]

Als abhängige Variablen für die Abbildung des psychischen Wohlbefindens der Jugendlichen hat eine Skala von SPIELBERGER (1979) Anwendung gefunden, die in insgesamt drei Faktoren zerfällt, von denen zwei in die Analyse eingegangen sind - Zufriedenheit und das Empfinden, Versager zu sein.

Tabelle 44:   **Reliabilitäten der verwendeten Konstrukte**

Skalen	Cronbachs α		
	Mütter	**Väter**	**Jugendliche**
Ökonomische Deprivation (4 Items)	,76	,72	-
Familiale Kohärenz (12 Items)	,90	,91	,90
Problembew.-Kompetenz (5 Items)	-	-	,74
„Flippiges" Freizeitverhalten (7 Items)	-	-	,70
Zufriedenheit (3 Items)	-	-	,65
Versager (5 Items)	-	-	,75

---

[7] Vgl. zur Funktion des Temperaments Heranwachsender für den Umgang mit Problemkonstellationen HURRELMANN (1994), S. 195f.

8.4 Ergebnisse

Die im theoretischen Modell angenommenen Pfade wurden mittels multipler Regressionsanalysen überprüft, wobei die Prädiktoren nach der Stepwise-Methode Eingang gefunden haben. Alle Pfade erwiesen sich auf dem 1%-Niveau als signifikant, lediglich der Einfluß der ökonomischen Lage auf das Kohärenzempfinden der Mutter sowie auf das Kohärenzempfinden des Jugendlichen gehen mit einer Signifikanz von 3% bzw. 4% in die Regressionsgleichungen ein. Die aufgeklärten Varianzen variieren je nach abhängiger Variable zwischen 5% und 24% (vgl. Anhang A: Abbildung 21).

Es zeigt sich, daß sowohl beim Vater als auch bei der Mutter die subjektiven Wahrnehmungen des ökonomischen Stresses negative Auswirkungen auf das Erleben des familialen Zusammenhangs haben. Die aufgeklärte Varianz ist mit 5% bzw. 6% nicht sehr hoch angesiedelt, jedoch ist plausibel, daß andere Faktoren die Qualität der Familienbeziehungen stärker beeinflussen. Zudem hat nicht zuletzt die saturierte Stichprobe, die in ihrer ökonomischen Lage wenig streut, hier einen beeinträchtigenden Effekt auf die Qualität der Zusammenhänge. Wesentlich ist, daß hier ein Syndrom aufgezeigt werden kann und die β - Koeffizienten einen nicht unerheblichen Einfluß des ökonomischen Stresses nahelegen. Das Kohärenzempfinden der Eltern beeinflußt, wie in den vorangegangenen Analysen bereits gezeigt, das der Jugendlichen, wobei der Einfluß der Mutter knapp doppelt so hoch ist wie der des Vaters. Hier zeigt sich zudem das bemerkenswerte Faktum, daß die Wahrnehmung ökonomischer Entbehrungen der Mutter direkt auf die familiale Kohärenz bei den Jugendlichen wirkt. Bei den in die Analyse eingegangenen Indizes zur Abbildung der Umweltressourcen läßt sich zeigen, daß die Freizeitnetzwerke und die Anzahl der Freunde direkt auf das Wohlbefinden der Jugendlichen wirken, wohingegen die Ressourcen, die die Familie zur Verfügung stellt, unmittelbar auf die personalen Ressourcen und die Aktivitäten der Jugendlichen wirken. Eine bedeutsame Rolle für die Milderung der Auswirkungen ökonomischen Stresses spielen bei den Jugendlichen dieser Stichprobe die personalen Ressourcen, hier in Form der Problembewältigungskompetenz. Diese weist die stärksten Pfade innerhalb des Modells zur Zufriedenheit und dem Empfinden, Versager zu sein, auf. Ferner wirkt die Kompetenz, die die Jugendlichen sich selbst bei der Lösung von Problemen zusprechen, vermittelt über die Aktivitäten auf die beiden Variablen des psychischen Wohlbefindens. Da jedoch nur eine Variable zur Vorhersage des „flippigen" Freizeitverhaltens in die Gleichung Eingang gefunden hat, ist hier die aufgeklärte Varianz ebenfalls sehr gering. Hier bedarf es einer Erweiterung des Spektrums zur besseren Abbildung der jugendlichen Aktivitäten. Gleiches gilt für die Dimensionen personaler Ressourcen. Auf der anderen Seite vermag gerade der Einbezug dieser beiden Indizes neben den Umweltressourcen einen hohen Anteil der auftretenden Varianz zu erklären. Hier unterscheiden sich die abhängigen Variablen in zwei Punkten. Zum einen läßt sich aufgrund der Freundeszahl nicht die Zufriedenheit der Jugendlichen vorhersagen, zum anderen hat die familiale Kohärenzwahrnehmung der Jugendlichen einen vergleichsweise hohen Einfluß darauf, ob sich die Jugendlichen als Versager fühlen, nicht jedoch auf die psychische Zufriedenheit.

Erleben die Jugendlichen die Familie in einem starken Zusammenhalt, so neigen sie offensichtlich weniger dazu, der Variable, sich selbst als Versager zu sehen, zuzustimmen. Gleiches gilt für den Freundeskreis. Ist dieser ausgeprägt und unternehmen die Jugendlichen in der Freizeit mehr in der Gruppe, so wirkt dies ebenfalls positiv gegen das Empfinden, Versager zu sein.

Die Ergebnisse weisen allerdings bezüglich des Zusammenhangs „Kohärenzempfinden der Jugendlichen", „Problembewältigungskompetenz" und dem „flippigen Freizeitverhalten" eine Besonderheit auf. Jugendliche, die einen hohen Familienzusammenhalt berichten, neigen weniger häufig zu „flippigem" Freizeitverhalten, schreiben sich aber eher eine hohe Problembewältigungskompetenz zu. Diese bewirkt jedoch in einer tendenziell hohen Ausprägung, daß die Jugendlichen eher mal „Dampf ablassen". Das bedeutet, daß sich die Richtungen der Zusammenhänge zunächst zu widersprechen scheinen. In der Lesart des Modells würde dies bedeuten, daß der familiale Zusammenhalt „flippiges" Freizeitverhalten weniger häufig auftreten läßt, allerdings die Problembewältigungskompetenz stärkt und das berichtete Freizeitverhalten indirekt fördert. Ein mögliches Erklärungsmuster deutet sich aufgrund der β - Koeffizienten an, deren Höhe durchaus die Vermutung zuläßt, daß der direkte Pfad von der Kohärenz zum Freizeitverhalten einen anderen Teil der Varianzanteile beim Freizeitverhalten aufklärt, als dies mit dem Pfad über die Problembewältigungskompetenz geschieht. Hier besteht allerdings noch Klärungsbedarf, etwa durch Hinzunahme weiterer Persönlichkeits- und Freizeitvariablen.

8.5 Zusammenfassung und Diskussion

Die mit Hilfe von Regressionsanalysen unternommene Replikation des Kausalmodells von BACHER (1997) kann hinsichtlich der Identifikation mediierender Variablen zwischen ökonomischem Streß und dem psychischen Wohlbefinden Jugendlicher als aufschlußreich bezeichnet werden.

Zum einen konnte gezeigt werden, daß der von den Eltern berichtete ökonomische Streß auf das Erleben der familialen Kohärenz wirkt und die Familie diesen aufzufangen vermag und indirekt zur Verbesserung des Wohlbefindens beiträgt. Die Höhe des Zusammenhangs wird dabei zum einen durch die Zusammensetzung der Stichprobe eingeschränkt, zum anderen ist tendenziell die Höhe der Korrelationen zwischen Eigenberichten der Jugendlichen und Fremdberichten der Eltern geringer erwartbar.

Hat der familiale Zusammenhalt als Umweltressource nur mittelbaren Einfluß auf das Wohlbefinden, so üben Freizeitnetzwerke und Anzahl der Freunde direkten positiven Einfluß auf das Wohlbefinden aus und können somit die Folgen ökonomischer Belastungen mildern. Allerdings hat die Familie von den Zusammenhängen her als Ressource eine höhere Qualität, gerade bezüglich der Auswirkungen auf die personalen Ressourcen, die wiederum den höchsten Einfluß auf das Wohlbefinden ausüben. Bei den personalen Ressourcen und den Aktivitäten der Jugendlichen konnte gezeigt werden, daß diese ebenfalls vermittelnd wirken, jedoch legen die Komplexität beider Bereiche und die aufgeklärte Varianz nahe, weitere Variablen in das Modell aufzunehmen.

Die hier verfolgte Strategie, ökonomischen Streß als Prädiktor für die Vorhersage des Wohlbefindens Heranwachsender zu verwenden, kann trotz der Stichprobenzusammensetzung, die aufgrund ihres hohen Bildungsgrades und des Beschäftigungsverhältnisses der Eltern als gut situiert bezeichnet werden muß, gerade aufgrund der Anwendung subjektiver Einschätzungen als erfolgversprechend angesehen werden.

Zusammenfassend läßt sich sagen, daß die Auswirkungen ökonomischen Stresses, wie ihn die Eltern berichten, am stärksten vom familialen

Zusammenhalt und der Kompetenz, die sich die Jugendlichen bei der Bewältigung von Problemen zuschreiben positiv beeinflußt werden. Gute Freizeitnetzwerke tragen in schwächerer Form ebenfalls positiv zur Bewältigung ökonomischer Streßsituationen bei. Die Kritik, die im folgenden dennoch an diesem Modell geübt werden soll, kann verstanden werden als ein Komplex von Leitfragen, die bei zukünftigen Untersuchungen zu Zusammenhängen makrosozialer Bedingungen und mikrosozialer Auswirkungen Berücksichtigung finden sollten.

1. Der Einbezug der Gleichaltrigengruppen als Umweltressourcen bedarf einer differenzierten Betrachtung, da in dem vorgestellten Modell keine Aussagen über die Qualität der Beziehungen getroffen werden. Neben einer unterstützenden ist gleichfalls eine belastende Rolle der Peers anzunehmen, die als zusätzlicher Stressor wirken kann.

2. Damit zusammenhängend stellt sich die Frage, ob nicht die Jugendlichen selbst ökonomischen Streß wahrnehmen, etwa in der Differenz von Konsumwunsch und deren Realisierungsmöglichkeiten. Die Bezugsgruppenforschung (vgl. SCHWARZER/ JERUSALEM 1982) legt dabei die Annahme nahe, daß gerade der Vergleich mit Gleichaltrigen hinsichtlich deren materieller Ausstattung als Stressor wirken kann. Denkbar wäre auch ein unmittelbar wahrgenommener sozialer Druck hinsichtlich der eigenen Berufsperspektiven.

3. Daraus folgt die Frage nach der Rolle der Schule als Bezugs- und Ausbildungssystem. Inwiefern vermögen Leistungsbestätigungen die Folgen ökonomischer Deprivation zu beeinflussen, bzw. haben mangelnde Berufsperspektiven Einfluß auf die Bildungsaspirationen. Welches Anre-

gungspotential bietet die Schule, welche Unterstützung bei der Bewältigung von Alltagsproblemen?

4. Im vorgestellten Modell wurden Auswirkungen der Umweltressourcen auf das Individuum herausgearbeitet. Aufgrund der Datenlage konnten keine Aussagen darüber gemacht werden, welche sozialen, aber auch räumlichen Ressourcen sich die Jugendlichen aktiv aneignen, um so an sie gestellte Anforderungen besser bewältigen zu können.

5. Da anzunehmen ist, daß diese Aneignungstätigkeit im wesentlichen neben den gängigen Sozialisationsinstanzen stattfindet, bedarf es einer differenzierten Lebensmilieubeschreibung seitens der Jugendlichen und ihrer Bezugspersonen in der Freizeit (vgl. MERKENS/ STEINER/ WENZKE 1998). Dies nicht zuletzt deshalb, da angenommen werden kann, daß sich Entfaltungsmöglichkeiten für die Jugendlichen gerade durch die Aneignungstätigkeit in der Peer-Group vermehrt ergeben.

6. Schließlich erfolgte hier eine Momentaufnahme berichteter Zusammenhänge. Da ökonomischer Streß aber auch als langfristig wirkende Lebenssituation verstanden werden muß, scheint eine längsschnittliche Beobachtung der Auswirkungen makrosozialer Bedingungen auf Jugendliche aufschlußreicher zu sein. Prozeßhaftigkeiten können in einer querschnittlichen Analyse nicht aufgezeigt werden, geben aber wichtige Hinweise über den Zusammenhang gesellschaftlicher Veränderungen und Veränderungen im Jugendalter.

9 Literaturliste

ANTONOVSKY, A./ SAGY, S. (1992), The family sense of coherence and the retirement transition, in: Journal of Marriage and the Family, (4) 1992, S. 983-993

BACHER, J. (1997), Armutsgefährdung von Kindern in Österreich, in: Österreichische Zeitschrift für Soziologie, (4) 1997, S. 51-73

BACHER, J./ BEHAM, M./ WILK, L. (1996), Familienstruktur, kindliches Wohlbefinden und Persönlichkeitsentwicklung, in: Zeitschrift für Sozialisationsforschung und Erziehungssoziologie, (16) 1996, S. 246-269

BACKHAUS, K./ ERICHSON, B./ PLINKE, W./ WEIBER, R. (1994), Multivariate Analysemethoden, Berlin/ Heidelberg/ New York/ London/ Paris/ Tokyo/ Hong Kong/ Barcelona

BOEHNKE, K./ BUTZ, P. (1997), Auswirkungen von ökonomischem Druck auf die psychosoziale Befindlichkeit von Jugendlichen, in: Zeitschrift für Pädagogik, (1)1997, S. 79-92

BÖHNISCH, L./ MÜNCHMEIER, R. (1990), Pädagogik des Jugendraums, Weinheim/ München

BORTZ, J. (1984), Statistik für Sozialwissenschaftler, Heidelberg/ Berlin/ New York/ Tokyo

BORTZ, J./ LIENERT, G.A./ BOEHNKE, K. (1990), Verteilungsfreie Methoden in der Biostatistik, Heidelberg/ Berlin/ New York/ Tokyo

BRISLIN, R.W. (1986), The wording and translation of research instruments, in: LONNER, W.J./ BERRY, J.W. (Hrsg.), Field methods in cross-cultural psychology, Beverly Hills, S. 137-164

CLASSEN, G. (1997), Zur Genese von abweichendem Verhalten, Hamburg

CONGER, R.D./ ELDER, G.H. (1992), Families in troubled times: the Iowa youth and families project, in: DIES. (Hrsg.), Families in troubled times. Adapting to change in rural America, New York

CONGER, R.D./ ELDER, G.H./ XIAOJIA, G./ LORENZ, F.O./ SIMONS, R.L. (1994), Economic Stress, Coercive Family Process and Development Problems of Adolescents, in: Child Development, (65) 1994, S. 541-561

ELDER, G.H. (1974), Children of the Great Depression, Chicago

ELDER, G.H./CASPI, A. (1990), Persönliche Entwicklung und sozialer Wandel. Die Entstehung der Lebensverlaufsforschung, in: MAYER, K. U. (Hrsg.), Lebensverläufe und sozialer Wandel. Kölner Zeitschrift für Soziologie und Sozialpsychologie. Sonderheft, Opladen, S. 22-57

FRICK, J./ KRAUSE, P./ SCHWARZE, J. (1991), Haushalts- und Erwerbseinkommen in der DDR, in: Kölner Zeitschrift für Soziologie und Sozialpsychologie, (43) 1991, S. 334-343

HENNIG, H./ SIX, B. (1977), Konstruktion einer Machiavellismus-Skala, in: Zeitschrift für Sozialpsychologie, (8) 1977, S. 185-198

HOFER, M./ KRACKE, B./ NOACK, P./ KLEIN-ALLERMANN, E./ KESSEL, W./ JAHN, U./ ETTRICH, U. (1995), Der soziale Wandel aus Sicht ost- und westdeutscher Familien, psychisches Wohlbefinden und autoritäre Vorstellungen, in: NAUCK, B./ SCHNEIDER, N./ TÖLKE, A. (Hrsg.), Familie und Lebensverlauf im gesellschaftlichen Umbruch, Stuttgart, S. 154-171

HURRELMANN, K. (1994), Lebensphase Jugend, Weinheim/ München

HURRELMANN, K./ LÖSEL, F. (Hrsg.) (1990), Health hazards in adolscence, Berlin

JUGENDWERK DER DEUTSCHEN SHELL (1992), Jugend '92 - Lebenslagen, Orientierungen und Entwicklungsperspektiven, Opladen

LAZARUS, R.S. (1995), Streß und Streßbewältigung - ein Paradigma, in: FLIPP, S.H. (Hrsg.), Kritische Lebensereignisse, München

LAZARUS, R.S./ FOLKMANN, S. (1987), Transactional Theory and Research on Emotions and Coping, in: European Journal of Personality, (1) 1987, S. 141-169

LERNER, R. M. (1984), Jugendliche als Produzenten ihrer eigenen Entwicklung, in: OLBRICH, E./ TODT, E. (Hrsg.), Probleme des Jugendalters, Berlin/ Heidelberg/ New York/ Tokyo, S. 69-88

LIEBHART, E.H./ LIEBHART, G. (1971), Entwicklung einer deutschen Ethnozentrismus-Skala und Ansätze zu ihrer Validierung, in: Zeitschrift für experimentelle und angewandte Psychologie, Bd. 18, S. 447-471

MANSEL, J. (1995), Bewertung gesellschaftlich-politisch bedingter Bedrohungspotentiale und psychosoziales Befinden von Jugendlichen in Ost- und Westdeutschland, in: NAUCK, B./ SCHNEIDER, N./ TÖLKE, A. (Hrsg.), Familie und Lebensverlauf im gesellschaftlichen Umbruch, Stuttgart, S. 241-268

MANSEL, J. (1997), Zukunftsperspektiven und Wohlbefinden von sozial benachteiligten Jugendlichen. Referat im Rahmen der Tagung „Soziale Ungleichheit und Armut im Kindes- und Jugendalter", Bielefeld

MANSEL, J./ HURRELMANN, K. (1991), Alltagsstreß bei Jugendlichen, München

MEIER A./ MÜLLER, J. (1997), Die letzte Generation? Jugend und Familie auf dem Lande in Ostdeutschland und in den USA, Berlin

MERKENS, H./ STEINER, I./ WENZKE, G. (1998), Lebensstile Berliner Jugendlicher 1997, Berlin

OERTER, R./ DREHER, E. (1995), Jugendalter, in: OERTER, R/ MONTADA, L. (Hrsg.), Entwicklungspsychologie, Weinheim, S. 310-395

OLBRICH, E. (1984), Jugendalter. Zeit der Krise oder der produktiven Anpassung?, in: OLBRICH, E./ TODT, E. (Hrsg.), Probleme des Jugendalters, Berlin/ Heidelberg/ New York/ Tokyo, S. 1-48

REINDERS, H.: Familienbilder bei Berliner Eltern und Kindern. Diplomarbeit 1998, im Druck.

REITZLE, M./ RIEMENSCHNEIDER, U. (1996), Gleichaltrige und Erwachsene als Bezugspersonen, in: SILBEREISEN, R./ VASKOVICS, L./ ZINNECKER, J. (Hrsg.), Jungsein in Deutschland: Jugendliche und junge Erwachsene 1991 und 1996, Opladen

SCHEFOLD, W./ HORNSTEIN, W. (1993), Pädagogische Jugendforschung nach der deutsch-deutschen Einigung, in: Zeitschrift für Pädagogik, (6)1993, S. 909-930

SCHWARZER, R. (1986), Skalen zur Befindlichkeit der Persönlichkeit. Forschungsbericht, Berlin

SCHWARZER, R./ JERUSALEM, M. (1982), Soziale Vergleichsprozesse im Bildungswesen, in: Rheinberg, F. (Hrsg.), Bezugsnormen zur Schulleistungsbewertung. Jahrbuch für empirische Erziehungswissenschaft, Düsseldorf, S. 39-63

SEEMAN, M (1991), Alienation and Anomie, in: ROBINSON, J.P. (Ed.), Measures of Personality and Social Psychological Attitudes, San Diego, S. 291-371

SILBEREISEN, R./ SCHWARTZ, B. (1992), Frühe Belastungen und Unterschiede im Zeitpunkt psychosozialer Übergänge, in: JUGENDWERK DER DEUTSCHEN SHELL (Hrsg.), Bd. 2, S. 221-236

SOZIALWISSENSCHAFTLICHES FORSCHUNGSZENTRUM BERLIN-BRANDENBURG E.V. (Hrsg.) (1997), Sozialreport 1997. Daten und Fakten zur sozialen Lage in den neuen Bundesländern, Berlin

SPIELBERGER, , R.J. (1979), Anxiety: A summary of past and present research and theory, in: Child Welfare, (8) 1979, S. 519-528

STATISTISCHES BUNDESAMT (Hrsg.) (1998), Datenreport 1997, Bonn

ZINNECKER, J. (1990), Kindheit, Jugend und soziokultureller Wandel in der Bundesrepublik Deutschland, in: BÜCHNER, P./ KRÜGER, H.-H./ CHISHOLM, L. (Hrsg.), Kindheit und Jugend im interkulturellen Vergleich, Weinheim, S. 17-36

ZINNECKER, J. (1993), Jugendforschung in Deutschland. Eine Zwischenbilanz, in: Erziehungswissenschaft, (8)1993

10 Anhang A: Darstellung der LISREL-Modelle

Abbildung 9: **Jugendliche Normakzeptanz (Datensatz Mütter/ Jugendliche)**

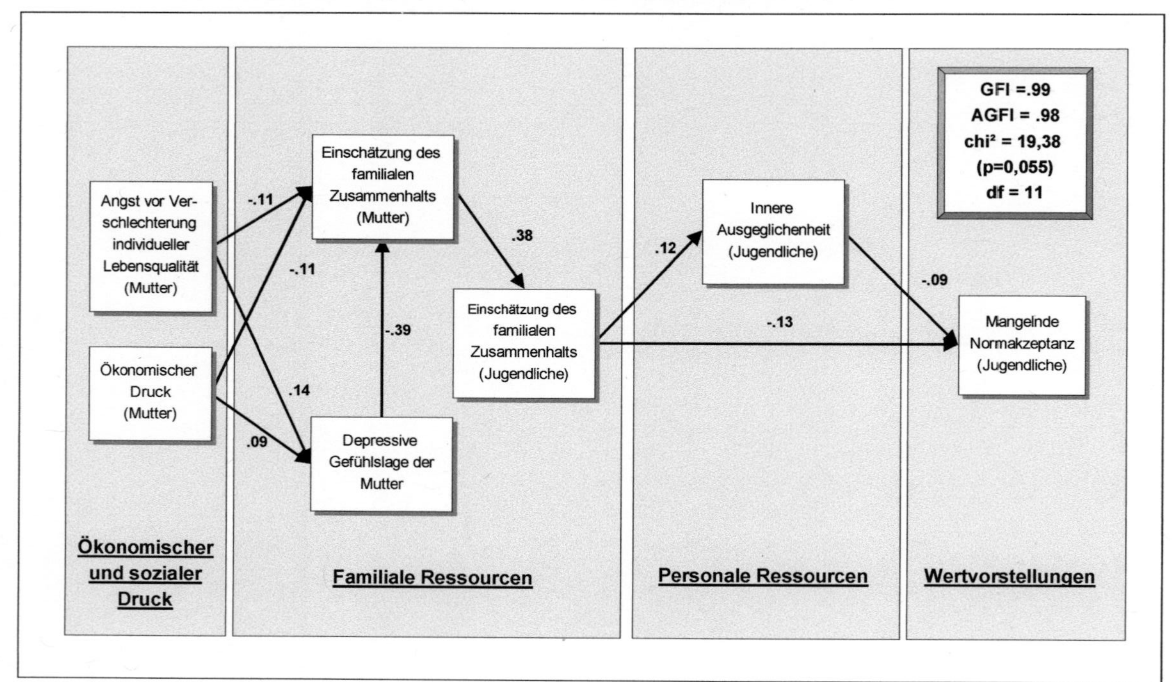

Abbildung 10: **Jugendliche Normakzeptanz (Datensatz Väter/ Jugendliche)**

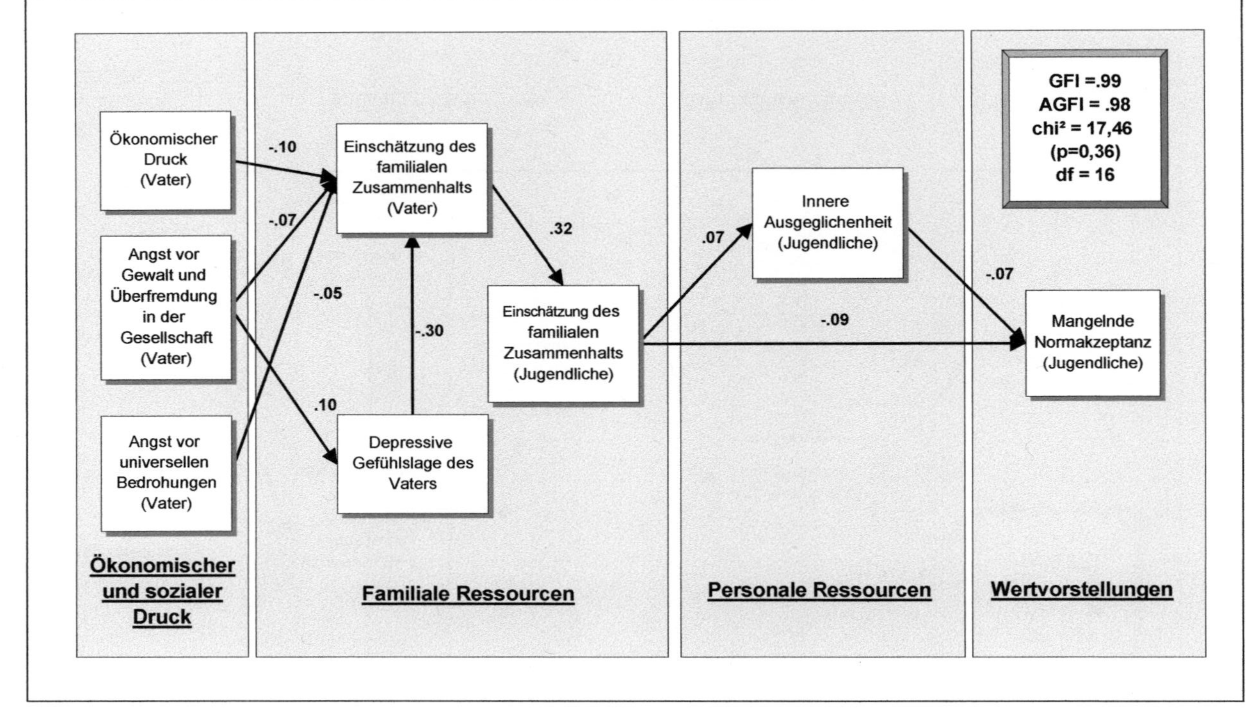

Abbildung 11: **Nationalistische Grundeinstellung (Datensatz Mütter/ Jugendliche)**

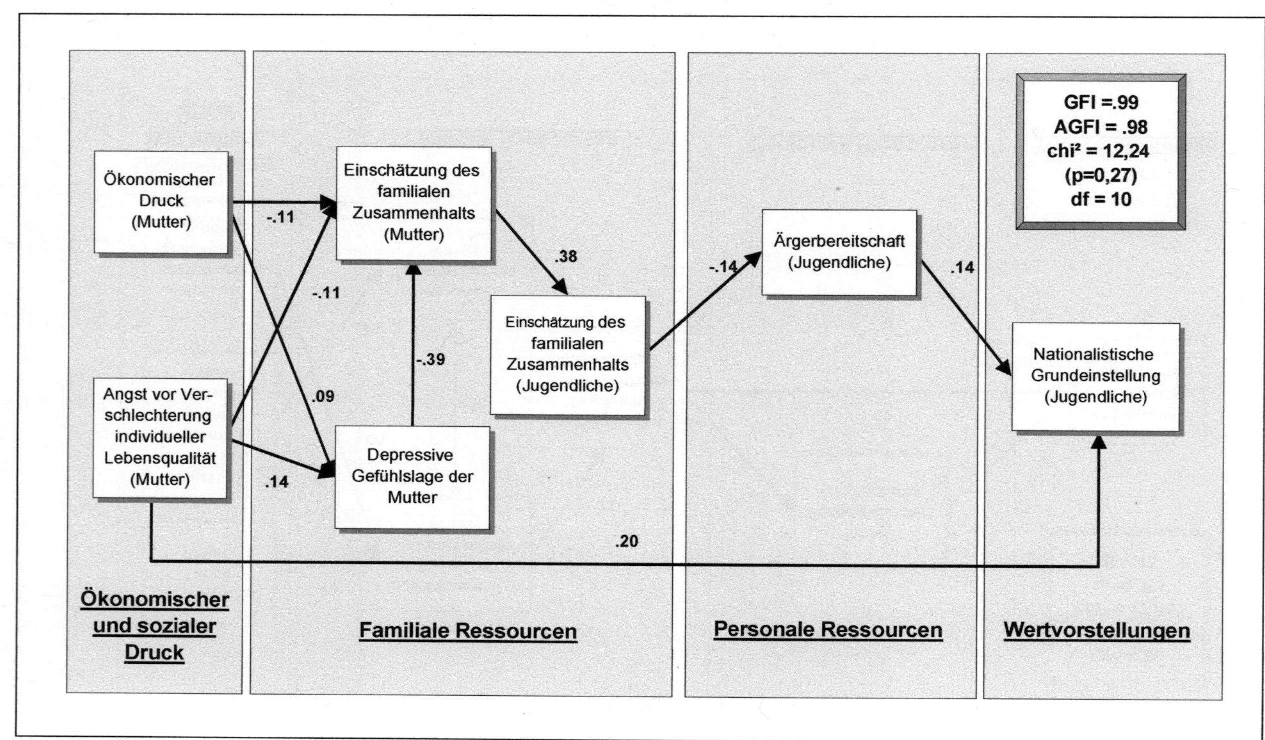

Abbildung 12: **Nationalistische Grundeinstellung (Datensatz Väter/ Jugendliche)**

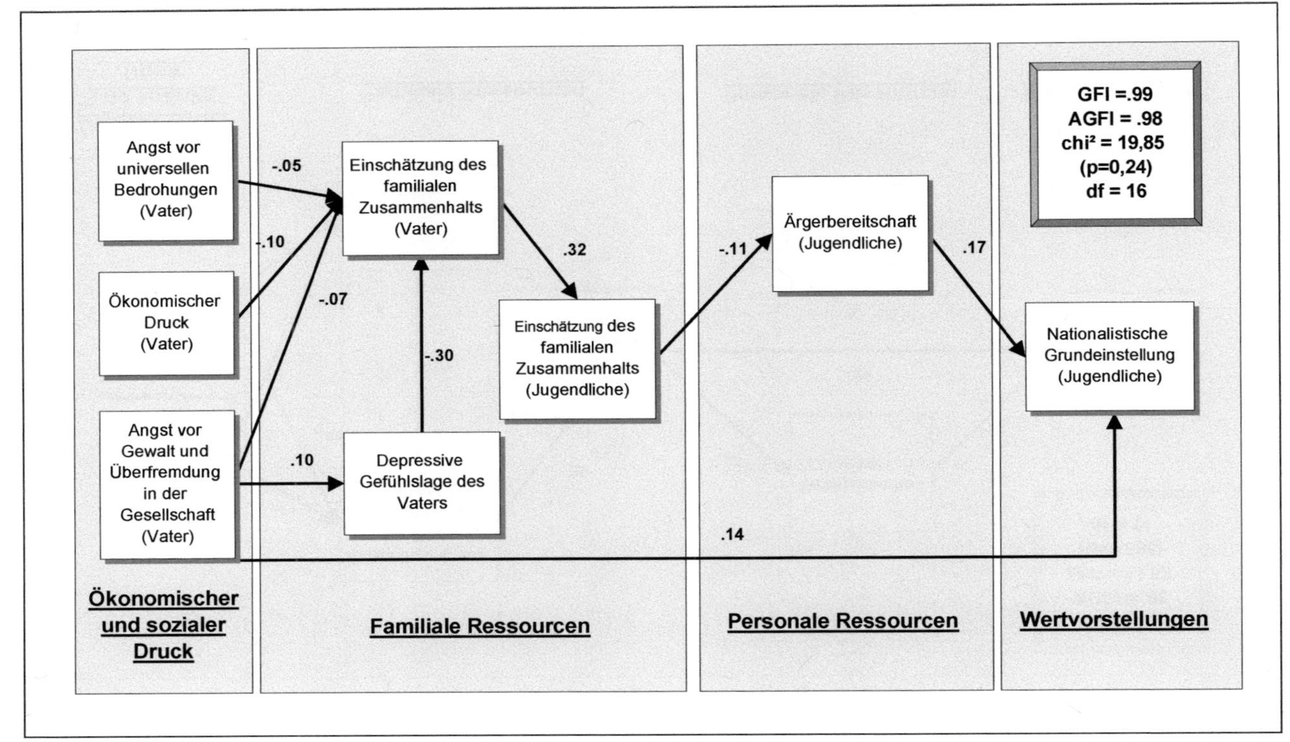

Abbildung 13: **Egozentrismus (Datensatz Mütter/ Jugendliche)**

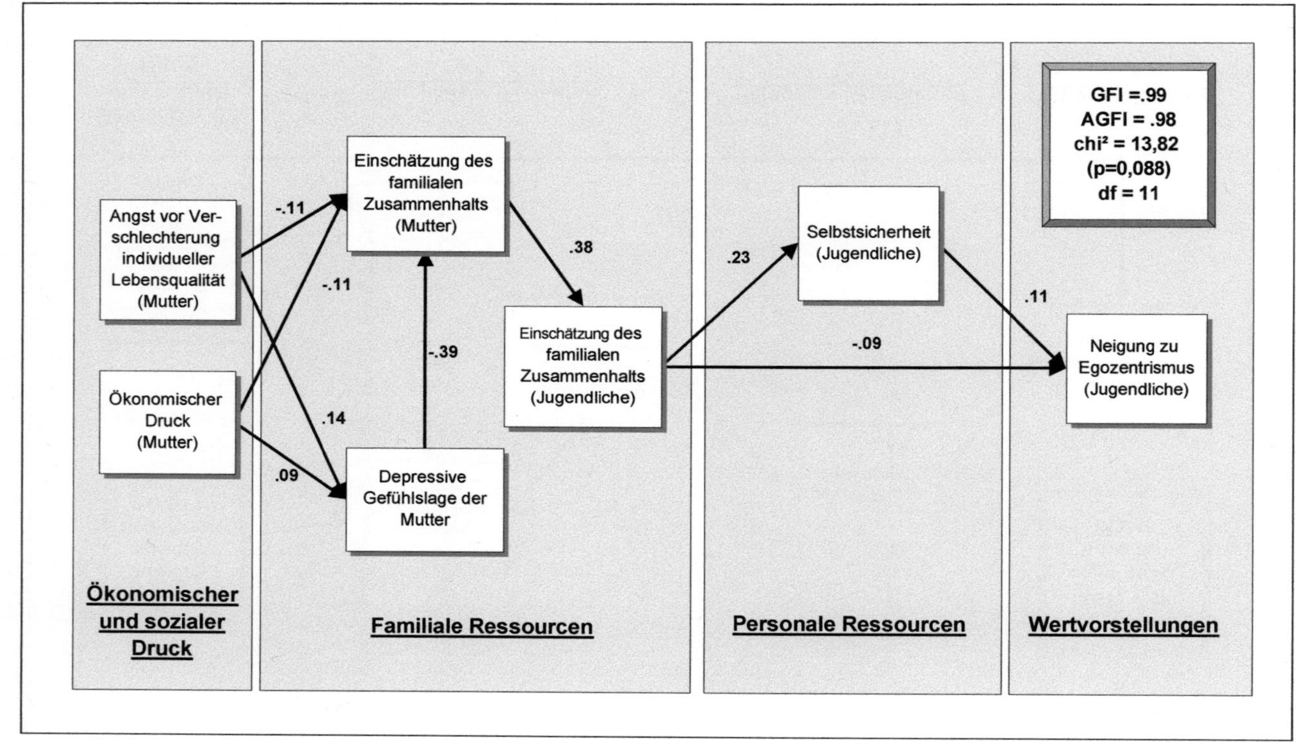

Abbildung 14: **Egozentrismus (Datensatz Väter/ Jugendliche)**

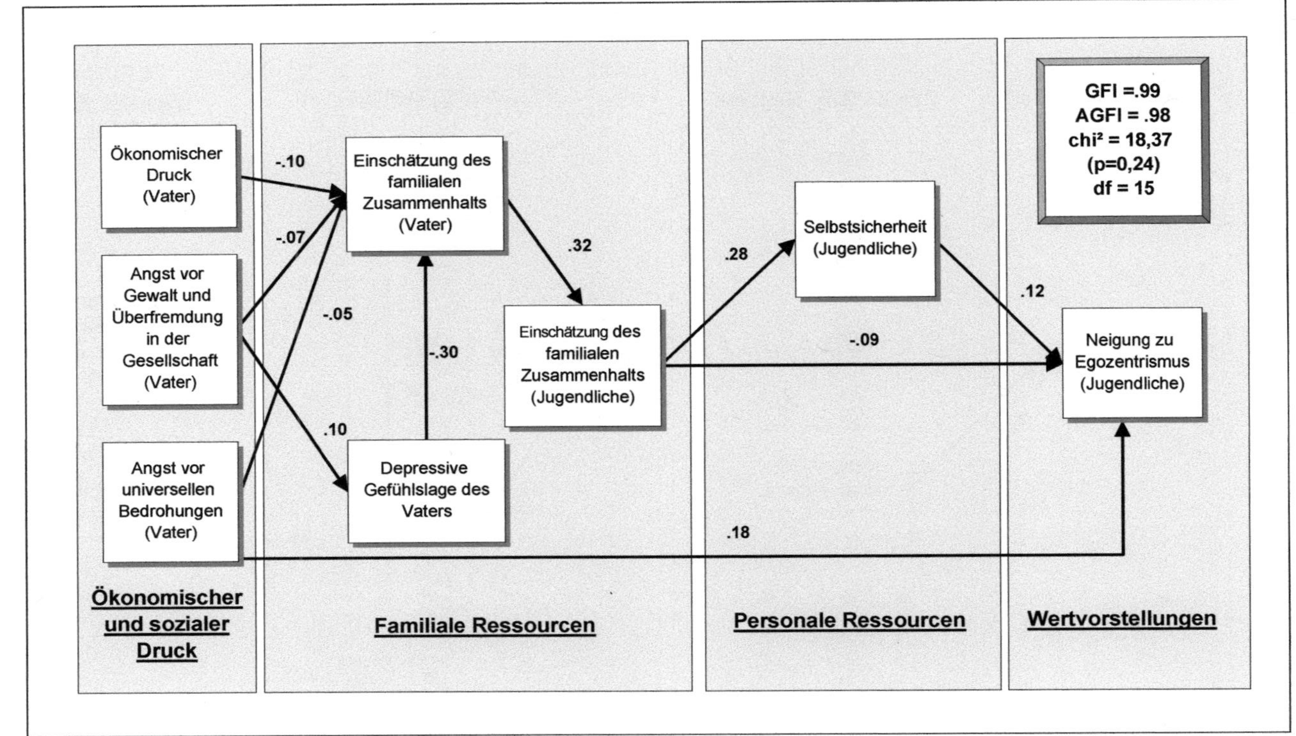

Abbildung 15: **Jugendliche Normakzeptanz (Datensatz Mütter/ Jugendliche)**

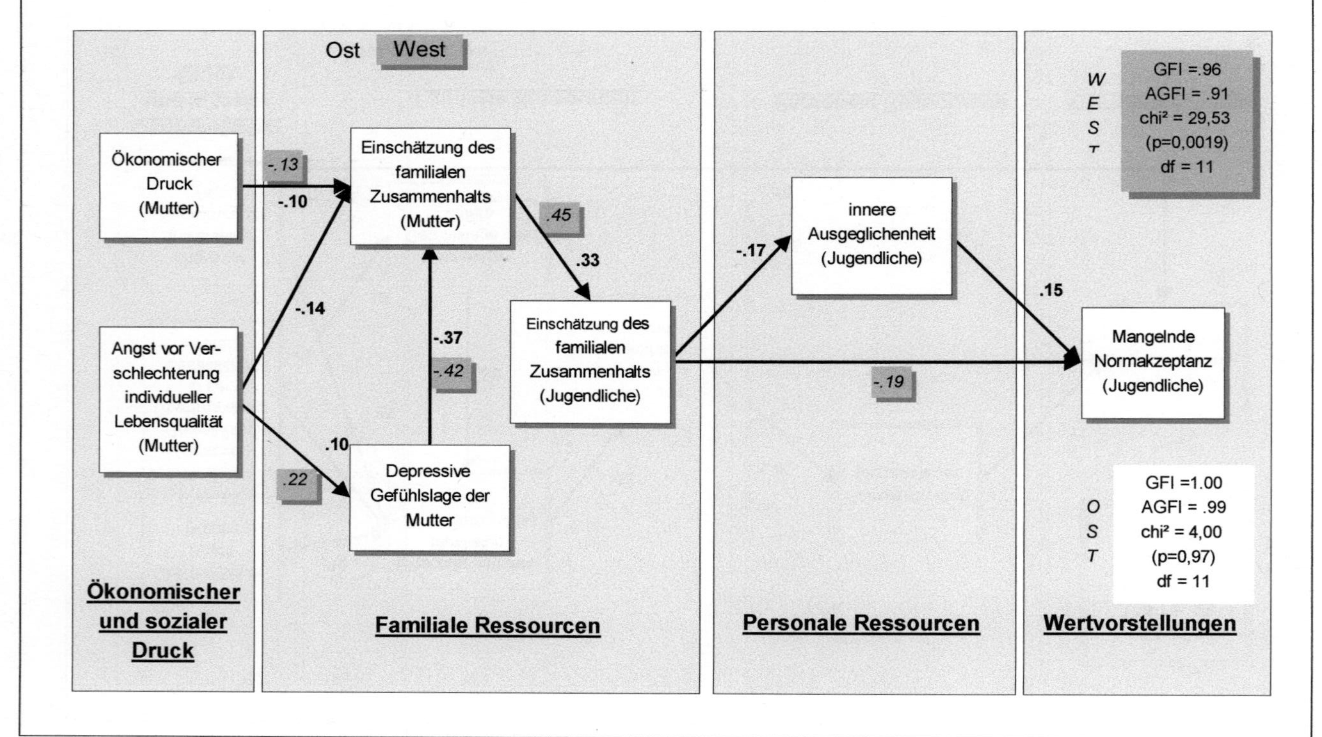

Abbildung 16: **Jugendliche Normakzeptanz (Datensatz Väter/ Jugendliche)**

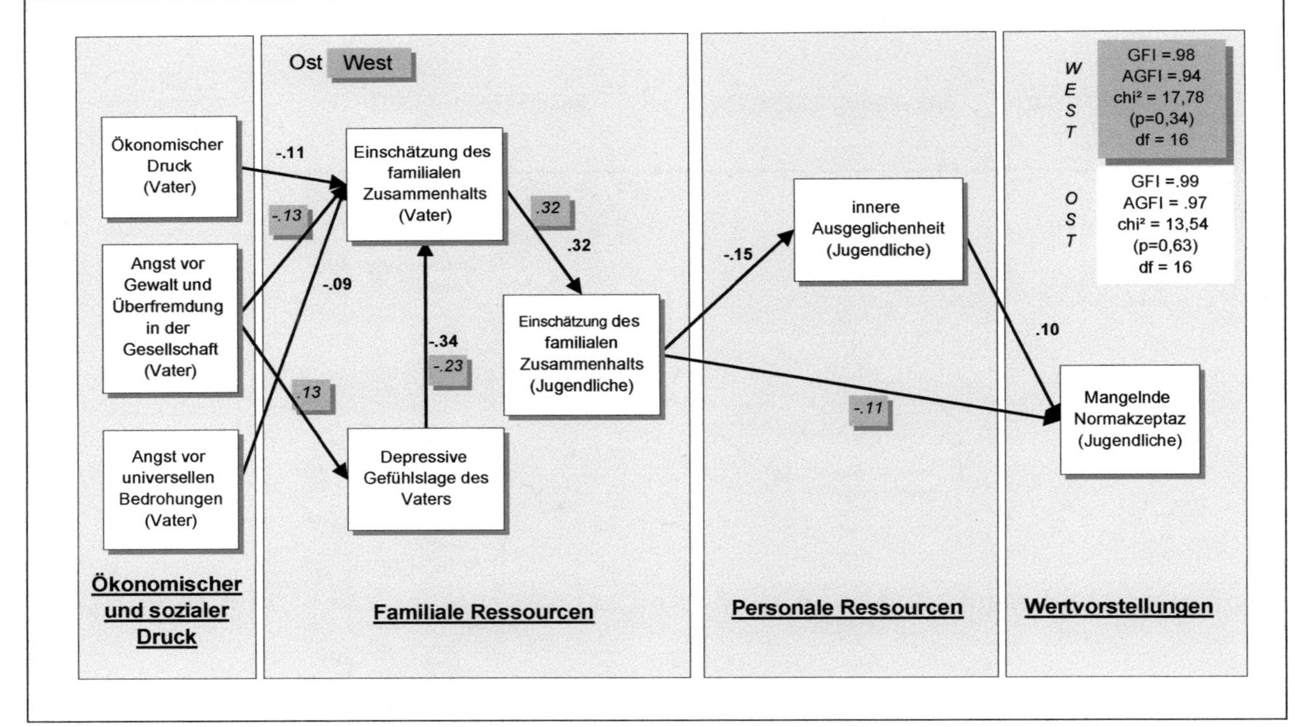

Abbildung 17: **Nationalistische Grundeinstellung (Datensatz Mütter/ Jugendliche)**

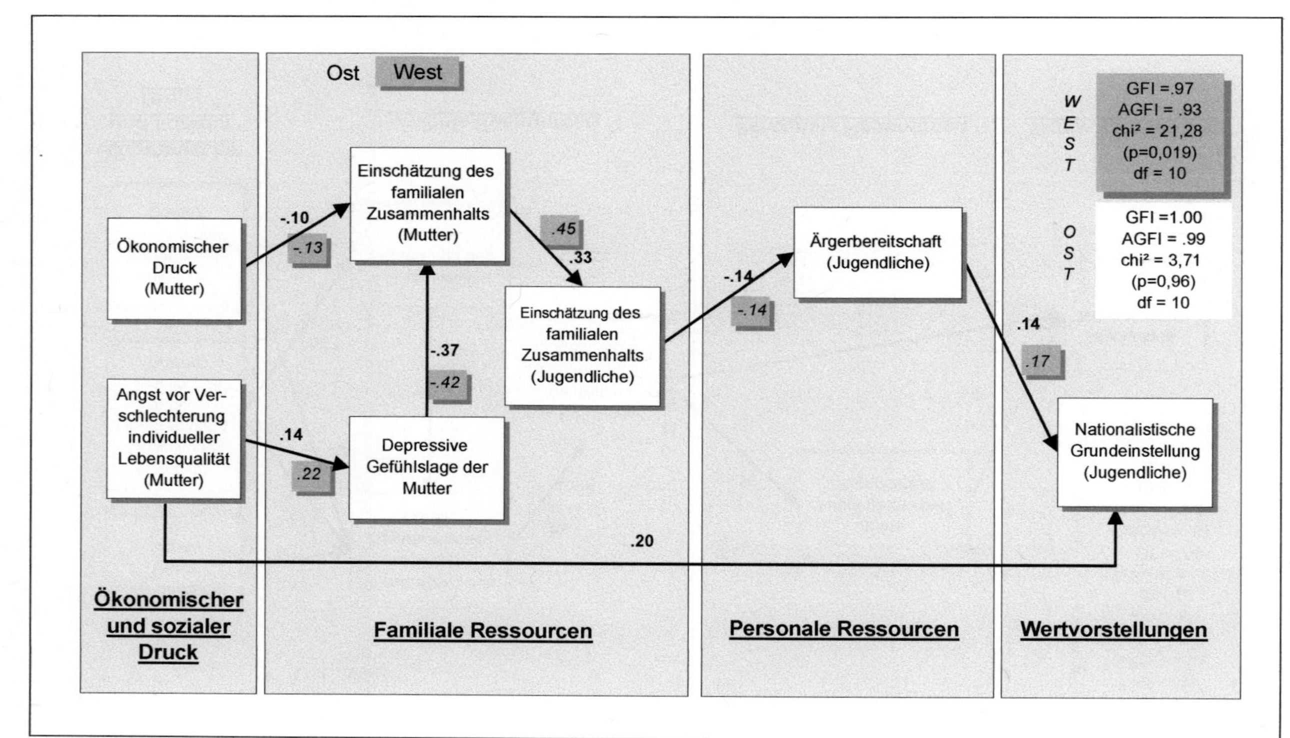

Abbildung 18: **Nationalistische Grundeinstellung (Datensatz Väter/ Jugendliche)**

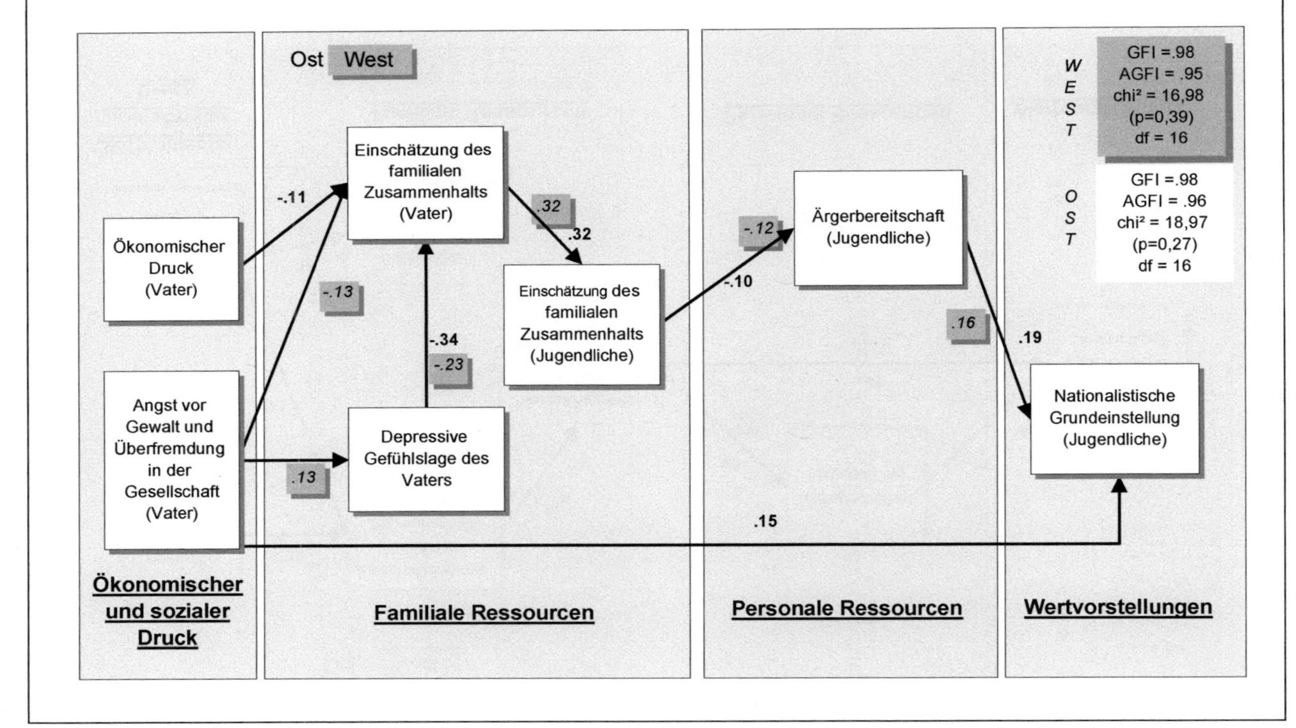

Abbildung 19: **Jugendlicher Egozentrismus (Datensatz Mütter/ Jugendliche)**

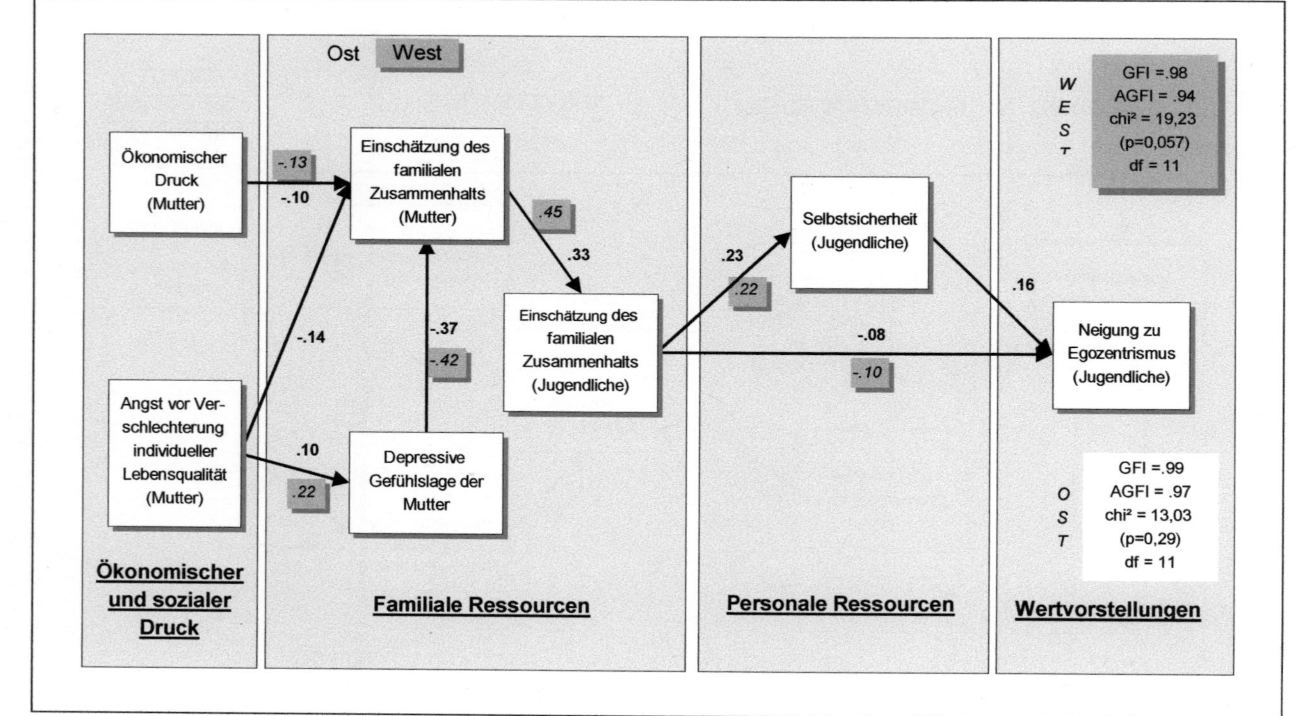

Abbildung 20: **Jugendlicher Egozentrismus (Datensatz Väter/ Jugendliche)**

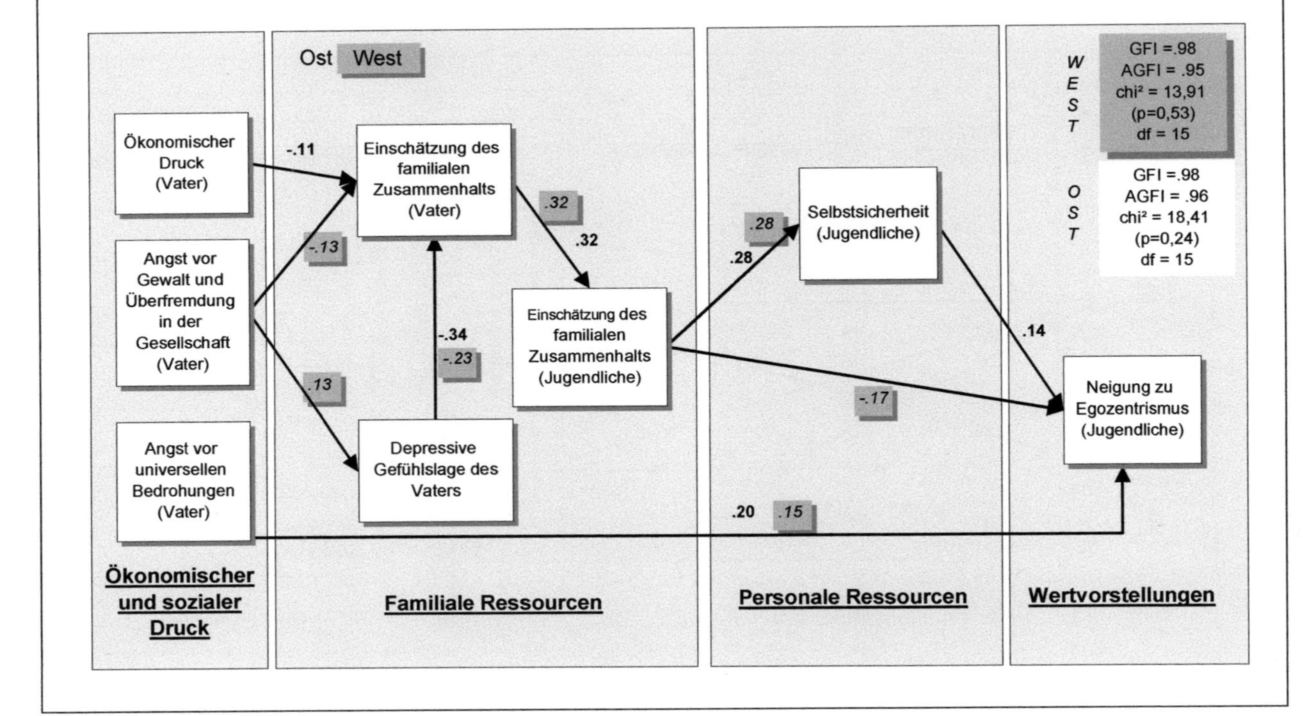

Abbildung 21: **Regressionsmodell zum Zusammenhang von ökonomischem Streß und psychischem Wohlbefinden**

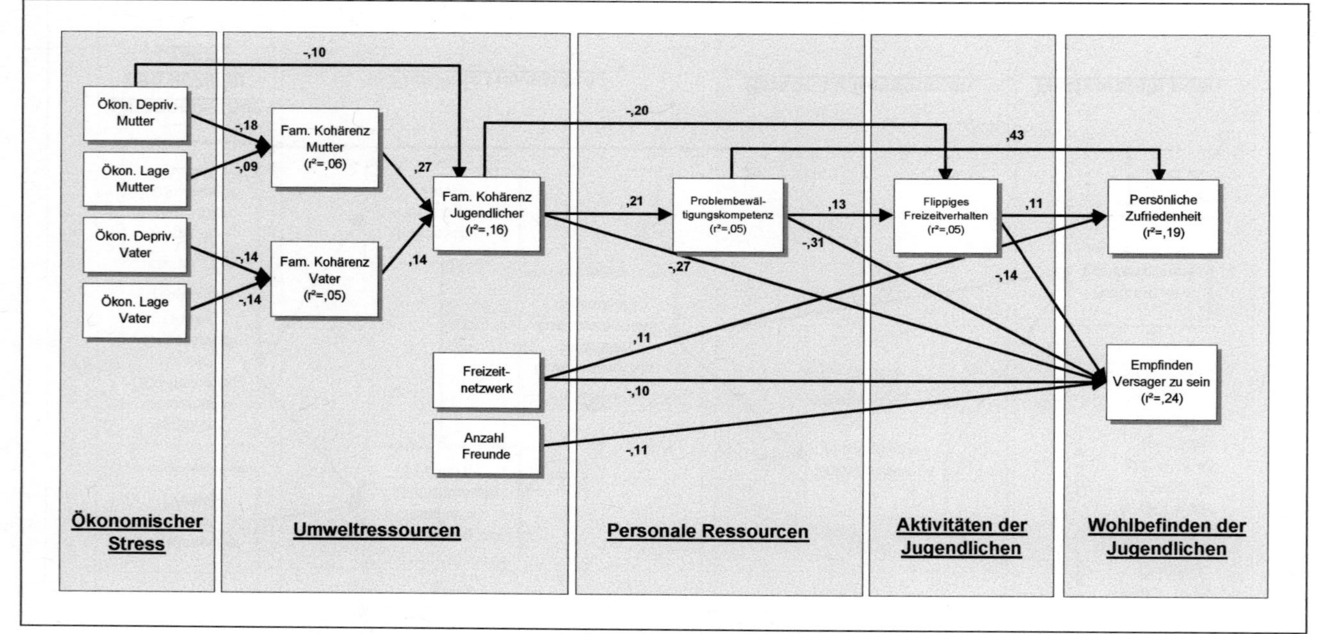